JN034674

お母さんを支える言葉

大阪市立大空小学校初代校長
木村泰子

清流出版

はじめに

お母さんを支える言葉は、人を支える言葉

私が二人の子どもを産んだ頃は育休制度もなく、産休の三か月が終われば現場に復帰するのが当たり前の時代でした。今ではありえないことですね。私の夫も同業で学校の先生をしていましたけれど、「子育ては母親がやるのが当たり前」の日本社会でしたから、さほどの協力は得られませんでした。

結婚していたら子どもを産むことも当たり前で、「ほしい」とか「ほしくない」とかの議論すらいっさい聞こえてこない社会状況でした。たかだか半世紀ほど前まで、日本はそんな感じだったのです。

でも、時代は変わりました。女性も仕事を持ち、その仕事に魅力や誇り、やりがいを見出し、キャリアを積むことに生きがいを感じています。男性が仕事に魅力や誇り、やりがいを感じてきたのと同じように。

結婚しても共働きで、女性も仕事を続ける。

子育ては夫婦が協力して行うもの。

こんな価値観も、今や当たり前になりました。

一方で、子どもを取り巻く環境の厳しさ、子育ての大変さも連日のようにニュースになっています。子育て以前の話として、そもそも「子どもがほしくない」という若者がたくさんいることもたびたび取り上げられています。

ある調査結果によると、子どもがほしくない理由として、「育てる自信がないから」「子どもが好きではない、苦手だから」「自由がなくなる（自分の時間を制約されたくない）から」といった、金銭的な理由以外が上位を占めているのです（※1　参照資料は一八一ページにまとめて記載、以下同）。

子どもを持つことに対してこんなふうに感じたのは、大人の私たちの生きる姿を見てきたからでしょう。自分自身を振り返ってみると、産後三か月たらずでよく職場復帰ができたものだと思います。

「そうせざるをえないから」

「それが子どもを産んでも働くことを選んだ女性の当たり前だから」

と信じていたので疑うことすらしませんでした。

授業中に胸が張ってきて、タオルを当てていても服に染みてびちゃびちゃになってしまい、

「先生、オッパイ出てきてるで」

と子どもたちが教えてくれることもしばしば、でした。

今となっては笑い話ですが、当時子どもを持ちながら働いていた女性はみんな無理をしていたと思います。

その頃に比べたら、働く母親のための制度は、ずいぶん進化したといえるでしょう。今のお母さんたちが羨ましいくらいです。それなのに、こんなに働く女性が増えて、世の中の価値観も多様化しているにもかかわらず、子育てしている人――とりわけお母さんたち――が、いまだに大変なのは、なぜでしょうか。

私は四五年間小学校教員として働き、最後の九年間を、大阪市立大空小学校の初代校長として過ごしました。この小学校のたった一つの約束は「自分がされていやなことは人にしない、言わない」。特別支援学級の対象になりえる障害のある子どもたちも、「いつも一緒が当たり前」、それが大空小学校でした。そのため、「ここなら、うちの子も通えるかもしれない」と、全国からいろんな困り感を抱えた子どもたちが転校してきました。

そこで圧倒的な存在感を発揮していたのは、こうした困り感を持つ子どもたちのお母さんです。

「もう、失敗は許されない」

「この子をなんとか育てなくちゃ」

「私がしっかりしなくては」

家族からの協力を得られず、隣近所や周囲に頼れる人もおらず、孤独の中で一人必死に子育てしているお母さんをたくさん見てきました。

なぜ、お母さん一人がすべてを背負おうとしてしまうのか？

子育てのことになると、「母親はどうしているんだ」「母親がちゃんとしていないからだ」……こんなふうに責められる現実が、まだまだ残っていたからです。結果、〝当事者意識を持って〟日々、子どもと向き合おうとするのは、母親になりがちだという現実があったのです。

これは、大空小学校に転校してきた、複雑な事情を抱えたご家庭だけの話でしょうか。おそらく、日本全国、ごく普通のご家庭においても、似たような状況があるのではないでしょうか。

先の調査結果ですが、「子どもを持った経験のない若者が『子どもをほしくない』と言う」という事実を不思議に感じたりもします。経験がないのに、どうしてこう思うのか。このおかしさというか矛盾に、大人たちはまず気づくべきでしょう。

日本社会の〝当たり前〟を問い直し、誰もが子育てとキャリアが何の問題もなく成立するようにならない限り、「子どもがほしくない」といった表現はなくならないと思うのです。

また、私の世代の働く母親の苦労話や経験談を教訓に、そして反面教師にして、これからできるかもしれない、もっと楽しく、心地よい子育てのあり方を、もっと対話すればいいと思うのです。

そのために、何ができるでしょうか。

子どもの数だけ、お母さんがいます。だとしたら、私は、まずは子どもの背後にいるすべてのお母さんを支えなければいけないと思いました。日本ではいまだに「子育ては女がするもの」という大昔の価値観があらゆるところに残っていませんか。たとえ家庭の外で忙しく働いていても、子どものことになると、お母さんが背負いがちになります。

そんなお母さんを、一人でも多く支えたい。

人や環境を変えるのは、はてしなく時間がかかるし、なかなか難しいものです。いくら手を尽くしたところで、変えられないこともあるでしょう。

でも、お母さん自身が考え方や子どもとの向き合い方を変えることは、できます。少しやり方を変えるだけで、しんどさが軽くなることはたくさんあります。

算数の問題で「×」をもらったら、もう一度見直して、解き直すでしょう？

それで「○」をもらえたら、結果オーライです。

失敗したり、うまくいかないことがあったら、いつでもいくらでも、やり直しすればいいんです。そうやって母親業をこなしていけばいいと思うのです。
そのためのちょっとしたきっかけになる言葉を、この本に詰め込みました。

母親業大失敗の人間だった私だからこそ、今、こんなことが言えます。
長年の教員生活の最終日、二人の娘たちから届いたメッセージです。

「お母さん、自分の子どもも育てられなかったのに、長い間よく、先生していたね……」（長女）

「私は一人で大きくなりました」（次女）

学校の子どもたちに必死で向き合っている間、娘たちはこんなことを思っていたのですね。

思い返せば、絵本の読み聞かせをしたこともなければ、一緒にテレビを見てダラダラした記憶もありません。できなかったこと、悩んだこともたくさんありました。自分の子育てなんて反省ばかりです。

だからこそ、今、子育てしているお母さんたちに、この本を届けたいと思いました。子育て真っ最中だった頃の自分を支えるような気持ちで、言葉を紡ぎ出しました。


一つだけ、この本を手に取ってくれたお母さんたちにお願いがあります。

自分で自分を支えられるようになったら、少なくとも「がんばる」という言葉だけは、お母さんの中から全部捨ててください。がんばると必ずどこかに無理が生じますし、がんばった分の見返りも求めたくなるものだからね。

がんばるのは自分の勝手なのに、がんばった分だけ子どもが自分のほうを向いてくれなかったら、「こんなにがんばってるのに、もう！」と子どものせいにしてしまうでしょう。がんばらなければ、「こういうこともあるよね。ま、なんとかなるわ」って笑って息を吐けるようになります。そのほうが、楽だと思いませんか？


周囲に楽しそうに子育てをしている人たちがいたら、それを間近で見た若者は、「いいな。あんなふうに、いつか子どもを育ててみたい」と、ごく自然に、思うようになるのではないでしょうか。

変わらなければいけないのは、やはり、大人たちでしょう。

そして、支えなければいけないのは、子育ての最前線にいる、お母さんたちでしょう。

お母さんが元気なら、子どもも元気です。

困り感を抱えている子どもがいるということは、同じように困り感を抱えているお母さんがいるということです。

お母さんを支える言葉は、人を支える言葉です。お母さんが自分で自分を支えられるようになったら、きっと自然に、子どもを支える言葉を言える人になっているはずです。

そういうお母さんが一人でも増えたら、そこからお互いを支え合える言葉が飛び交う社会へと、少しずつ変わっていくのではないでしょうか。

木村泰子

二〇二四年　春　すべての始まりの季節に

もくじ

はじめに
お母さんを支える言葉は、人を支える言葉……2

Ⅰ 尋ねる……23

「お母さん」は、誰にとっても唯一無二の存在です……24
困っているのは、誰？……26
周りのことはいい、どうでもいいんです……30

自律していますか？……32
大人が変わったら、子どもって変わるんです……37
「わかったような感じ」がしても、「わかった気」にならないこと……40
レールを敷くのは、親の仕事じゃありません……46
子どもの言葉を最後まで聞き切る……51
お母さん自身が正解を持たない……55
誕生日の思い出……62

II　変わる……63

「驕《おご》り」を手放そう……64
自分一人で育てていると思ったら、大間違いです……68
「子どものために」という言葉は、捨てましょう……72
親である限り、アップデートし続ける……74
失敗はチャンス。やり直しができるのだから……77
強さは捨てて、自分の考えを持ちましょう……80
子どもに弱音を吐こう……84
「大丈夫」を口癖に……90
お弁当だけは……96

Ⅲ 支える……97

「困っている子」のお母さんは、みんなで支える……98
親子であっても、子どもと大人の力関係の「違い」に気づきましょう……104
子どもの本質を知ろう……107
一番大切なものは、なんですか？……111
ほめて成長するのは、親も同じです……118
お父さんの悪口は言わないで……122
スーツケースは捨てて、風呂敷を広げましょう……126
たった一つだけのお約束……132

IV 見守る……133

わがままなのは、母親のほう……かもしれない……134
暴れる場所があって、よかった……140
ほめればいいってもんじゃない……144
頼りにならない人は、放っておきましょう……148
子どもは、お母さんの私物ではありません……152
どの学校にも、正解なんてない……156
パートナーに腹が立ったら、
見ない・聞かない・しゃべらない……162

きょうだいゲンカは麗《うるわ》しきことです……165
トラウマに引きずられすぎないために……172
おわりに
言葉のお守りがあれば、
今日もまた一歩、前進できます……174

母が働いていたので、私は一人で食事をすることも多くありました。

食事のときのマナーなどを言われた覚えはまったくと言っていいほどありません。

ただ、母の教えで一番私の中にあるのは、

「お人形さんやおもちゃはドロボウさんが入ってきたら盗《と》られてしまうけど、泰子の心の中にためているものは誰にも盗られることはないよ」

この言葉です。

家が貧しかったこともあり、物を買ってやれない言い訳に使っていたのかもしれませんが、母のこの言葉は今もまだ、私自身を支えてくれています。

I

尋ねる

「お母さん」は、誰にとっても唯一無二の存在です

子育てや毎日の暮らしで大変なこと、たくさんありますね。

「あぁ、一人になりたい」

「なんでこんなに、しんどいんだろ」

「子どもなんて、大変なことばかり」

子育てしている人なら、こんな気持ちがよぎったこと、必ず一度はあるでしょう。

でもね、どんなに辛いことがあっても、

「お母さんでいてよかった」

私はそう思っています。

私自身、仕事が大変だったり、イライラしたりするときは、子どもに当たり散らしてしまったことが何度もありました。そんなときは、仕方がないって、割り切りました。

子育ても終えて、この年齢になったから振り返ることができるのだけれど、人生って、どこかで帳尻合わせができるものです。

いいお母さんになろうとすると、しんどいですよ。

ありのままの自分でいることが、一番です。

失敗したり、「しまったな」と思ったら、そのときは無理しなくても大丈夫。必ずやり直しのチャンスはきます。

子どもにとってお母さんというのは、たった一人の存在やから。

学校が変わって、先生が変わって、世の中が変わっても、一生変わらないのが、お母さんと子どもの関係性でしょう。

困っているのは、誰？

夏休みや冬休み、週末や放課後の時間、子どもが家でダラダラごろごろしているのを見ると、イラーっとした気持ちが込み上げてくる、そんなお母さん、たくさんいますね。

「この子、なんにもしないで、ただただ時間だけ無駄にしてるんじゃないか」
「もっと他に、やるべきこと、させるべきことがあるんじゃないか」
「宿題でもやったらいいのに」
「外で遊んできたらいいのに」

あれこれ口を出したくなるものです。

でもね、「ダラダラしているように見える」けれど、それは、「母から見てそう見えるだけ」ですよね。子どもはぜーんぜん、ダラダラしているつもりはないのかもしれません。

それなのに「ダラダラして！」と文句を言われる。

この言葉の裏にあるのは何か？

それは、「私（母）がこんなに大変な思いをしてるんだから、あなたもちょっとは動きなさいよ」という感情ではないでしょうか。まさに「母」を主語にしたトップダウンの物言いです。何を隠そう、若かりし頃の私がそうでしたから、よくわかります。

お母さんがこうしたダメ出しをすればするほど、「もともと、ダラダラなんてしていなかったのに！」と思って、子どもは本気でダラダラし始めます。こうなると再びお母さんは、「こら！」と本気で怒鳴り出すわけです。

この負の連鎖が起こると、両者ともイライラして「一緒にいるのが、いや」となりがちです。

負のスパイラルに絡めとられたときの親子の関係性を冷静に見ていると、あることに気づきます。

それは、〝困っているのはお母さんで、子どもは困っていない〟という事実。

「何かやりたいけど、何をやっていいのか……やることが見つからない」

「特にダラダラしたいわけじゃないけど、ダラダラしていると咎《とが》められる」

こんなときは確実に、母の言葉は子どもには刺さらないどころか、むしろ捨てたいくらいでしょう。

困ってもいなかった子どもが、母のよかれと思う指導（……という名の「干渉」）

で、結果的に困ってしまうのですね。

「ダラダラしないで」の代わりに、

「ねぇ、何かやりたいこと、ない？」

「休みの間しかできないこと、考えようか？」

と、子どもに尋ねてみてはどうでしょうか。

そうしたら、親子で楽しくなりますよ。

周りのことはいい、どうでもいいんです

今の時代放っておいてもあっちゃこっちゃから、気になること聞きたくないこと、有象無象《うぞうむぞう》の情報が耳に入ってきます。そうするとどうしても、我が子とよその子を比較して、母は不安になるんです。

「うちの子、こんなんでいいんだろうか」

「このままじゃまずいんじゃないか」

「なんとかしないと、また誰かに何か言われるかもしれない」

特に、急に暴れ出したり大声を出したりする子、じっとしていられない子は、誤解されやすいです。巷の専門家の方々は、こうした傾向がある子どものことを

「発達障害」と言います。でも、私が初代校長をつとめた大空小学校でたくさんの子どもたちから学んだ経験から言うと、暴れる子は病気なのではなくて、ただただ「困っている子」であることが多いです。

家庭や学校で何かしら気になることや問題があって、ありのままの自分でいられないと、子どもは言葉にできないイライラやモヤモヤした気持ちを、暴れたりして体で訴えます。

そんなとき、周囲の大人はどうしたらいいか。

そう、その子が何に困っているかを知ることです。周りが何を言おうが、専門家や医者がその子に発達障害だなんだかんだとレッテルを貼ろうが、そんなことはあまり気にしない。そして、自分の子どもがどうしたら安心できるか、「お母さんに、何ができる？」って、尋ねてみることです。

そうしたら子どもは、一瞬で変わりますよ。

自律していますか？

子育ての究極の目的……と言ったらおかしな感じがするかもしれませんが、子どもを育てる上で大事なことは、「子どもが育つこと」です。電気機器のマニュアルみたいに「ああしたら、こうなる」みたいな単純なことじゃないですよね。

子育てに、「こうあるべき」「こうしたらいい」というマニュアルの言葉を当てはめようとすると、うまいことといかないものです。

マニュアルに書いてあることは、一つの手段です。ですから、その手段を参考にして、「自分ならもう少しこうしようかな」「こんなふうに取り入れて、行動してみようかな」と自分のものにしていけば、マニュアルを自分仕様にすることができ、役に立つでしょう。

でも、そっくりそのまま真似したり、子どもを自分の思い通りにするために取り入れても、うまくいくわけがないです。だって、小学校に三〇〇人の子どもがいたら、三〇〇通りの育て方があるからね。きょうだい三人いたら、三人全員、育ち方が違います。

本に書いてあることをそのまま子育てに実践しようとしたら、マニュアルを活かすことが〝目的〟になってしまいますよね。そうすると、肝心の子どもが〝手段〟になってしまう。

こういうときは、十中八九、うまくいかなくなります。こんなふうに育てようって思ったときは、一〇〇パーセント失敗します。そういうもんです。

そんなジレンマに陥ったお母さんには、

「お母さん、一日一回でいいから、自分を振り返って、『自分、〝自律〟してるか？』

って尋ねてみて」って、伝えています。

「自立」じゃなくて「自律」ね。「自分」を「律すること」ができているかということ。自分がちゃんと自律できていたら、周囲から言われたこと、本に書いてあること、人の噂話や中傷なんかも、鵜呑みにしない強さが持てるようになります。「自律」って、自分で考え判断し、行動することです。律するというのは「人のせいにしない」ことです。自分で決めて行動し、失敗したら、自分のためにやり直しをする。これが「自律」です。

ママ友から、

「ねえ、○○ちゃん、今日学校でこんな面倒なことしたんだって」

なんて伝え聞いても、自律したお母さんはすぐに取り乱したりしません。事実を確認もしないでいきなり子どもに、

「あんた、今日学校で何したの!? △△ちゃんのお母さんが、こんなふうに言ってたよ」

なんて、怒鳴り散らすこともないでしょう。

母親が、周囲の話や言葉で頭がいっぱいになったときに、いかにぶれずにいられるか。

いや、人間だから、ぶれてもいいし、人はみんなぶれるものなんです。

でもね、母親が自律していたら、自分の頭で考えて、子どもに接することができるはずなんです。そうしたら、ママ友から聞いた言葉をそのまま受け止めることもないでしょう。

落ち着いて、

「ねえ、今日、学校で何かあった？」

って、まずは子どもに尋ねられるはずですよ。

そうしたら子どもも、

「実は、今日、こんな困ったことがあって……」

と、言いやすくなるでしょう？

ちょっと話が寄り道しますが、親の言うことなすこと、ことごとくはねのける時期が子どもにはあります。いわゆる「反抗期」に悩む親御さんも多いです。でも、親は「反抗」と受け止めるけれど、それは親を主語にしているからです。子どもを主語にしたら、自律の初めの一歩なのかもしれませんね。「反抗期」という言葉はそろそろ社会の当たり前から断捨離しなくちゃとつくづく思うのです。

閑話休題、お母さんの自律の話。

子どもにかける第一声が変われば、子どもの言葉も態度もぜんぜん違うものになります。だから、子どもにあれこれ言う前に、「私の自律」、親こそ忘れずにいてくださいね。

大人が変わったら、子どもって変わるんです

私が初代校長をつとめた大空小学校には、いろんな困り感を抱えた子どもたちが、たくさん通っていました。

最初は、母親も先生も子どもをなんとかしようと、一生懸命指導をする。でも、一生懸命なんとかしようとすればするほど、子どもはどんどん離れていくんです。そうすると、母と子どもの関係にも亀裂が入ります。

母親が、困り感のある我が子に、周囲への体裁を気にして「なんとかしなくちゃ」とプレッシャーにがんじがらめになってかかわろうとする姿を、何度も見てきました。

こんなとき「子ども」を主語にしてみたら、世界の見え方ががらりと変わります。家の中にも、学校の中にも居場所がないと感じている子どもにとって、必死に指導する親も先生も、「自分のことをわかってくれない人」でしかありません。結果、「この世には自分のことをわかってくれる人が一人もいない」と感じてしまうんです。

たとえば、椅子にじっと座り続けられない子がいます。そんな子が、「椅子に座って、手はお膝。静かに先生の話を聞く」という〝当たり前〟を押しつけられたら、どうでしょうか。椅子に座れない子は、それだけで、安心して教室にいられなくなります。学校にも来られなくなります。

でもね、椅子には座れないけど、「床に座ったり、寝転んで天井を眺めながらなら、友だちや先生のお話を聞ける」という子どもは何人もいるんです。だとしたら、変わらなくちゃいけないのは、誰でしょうか？

子どもではなくて、周囲の大人たちです。

「椅子に座り続けられないから」という理由だけで、その子を特別視しないこと。その子がどうしたら授業を聞けるのか、

「ねえ、どうしたら、授業を聞けるようになる？」

「どうしたら、みんなと一緒に、楽しく学べるかな？」

と、尋ねるようにすることです。

子どもが何に困っているかは、子どもに教えてもらうしかないわけです。

自分が変われば、子どもはどんどん「どうしたらいいか」を教えてくれるようになります。

「今まで怒ってばかりだった母ちゃんが、なんとなく、自分のことわかってくれようとしてるよな」って、子どもも大人の変化に気づきます。

子どもがそう思うようになったら、暴れたり、言うこと聞かなかったり、教室から逃げ出したり……というような「問題行動」も、少しずつおさまっていきますよ。

「わかったような感じ」がしても、「わかった気」にならないこと

今はとても便利な時代です。調べたいことがあったら、ネットですぐに検索できます。

たとえば、冷蔵庫に賞味期限が近い厚揚げと使いかけの小松菜、えのきたけがある。

「夕飯、どうしよ?」

と思ったら、材料名を入れて検索。クリック一つで、ぶわーっとレシピが出てきます。上から順に二、三個くらいの情報をちょいちょいっと眺めたら、なんとなく「わかった。これでいいや!」となりますね。

「わからないこと」が「わかったような感じ」になる。そうですよね？　大概それで、満足してしまいます。今日の夕ごはん、一件落着です。

本当に便利ですね。

でも、この手軽さに慣れてしまうのは、少々危険です。なんでも手早く知りたい、さっさとわかりたい、という衝動が抑えきれなくなってしまうから。

レシピくらいならいいですよ。

でも、これが自分の子どもだったら、どうでしょう。

「わからない」「なんだ、これは？」「どうしたらいいんだろう？」と思うこと、子どもはたくさんしますよね。

今は便利な時代だから、子育て中に「どうしよう⁉」となったときも、迷わずネット検索するお母さんは多いでしょう？

何を言っても返事もしない。
片づけができない。
早起きさせるにはどうしたらいいか。
言葉が乱暴すぎる。

調べたら、対処法から原因まで、〝それっぽい回答〟がずらり出てきます。それを読んで、お母さんはひとまず「そっか。そういうことか」と〝わかったような感じ〟になってしまうものです。

でもね、子どもは夕ごはんのおかずほど、簡単じゃないです。
我が子ですら「わからない」ことだらけ。〝わからないことのかたまり〟みたいなものです。

子どもはみんな、宇宙人、くらいに考えたほうがいいかもしれません。

目の前の〝宇宙人〟をなんとか理解したい。少しでもわかりたい。


そんなときは、潔くネット検索を捨ててください。

そして、目の前にいる子どもをよく見てください。

子どもの声に耳を傾けてください。


お母さんが子育てで困ったら、次の三つの言葉を子どもに尋ねてみて。


「大丈夫?」

「何に困ってる?」

「私にできること、ある?」

この三つの言葉をお守りにして、心にしまっておいてください。

もしかしたら、子どもだけじゃなく親しい家族でも、夫婦でも、友人関係でも、〝わかったような感じ〟になってしまうことはあっても、〝本当にわかり合える〟ことなんて、ないのかもしれないです。

だって、その人が何を思っているかなんて、知りえる方法はないでしょう。

だとしたら、たとえ親子であっても、何から何までわかろうとしないこと。

どこかでそんなふうに達観しておいたほうが、お母さんも楽じゃありませんか?

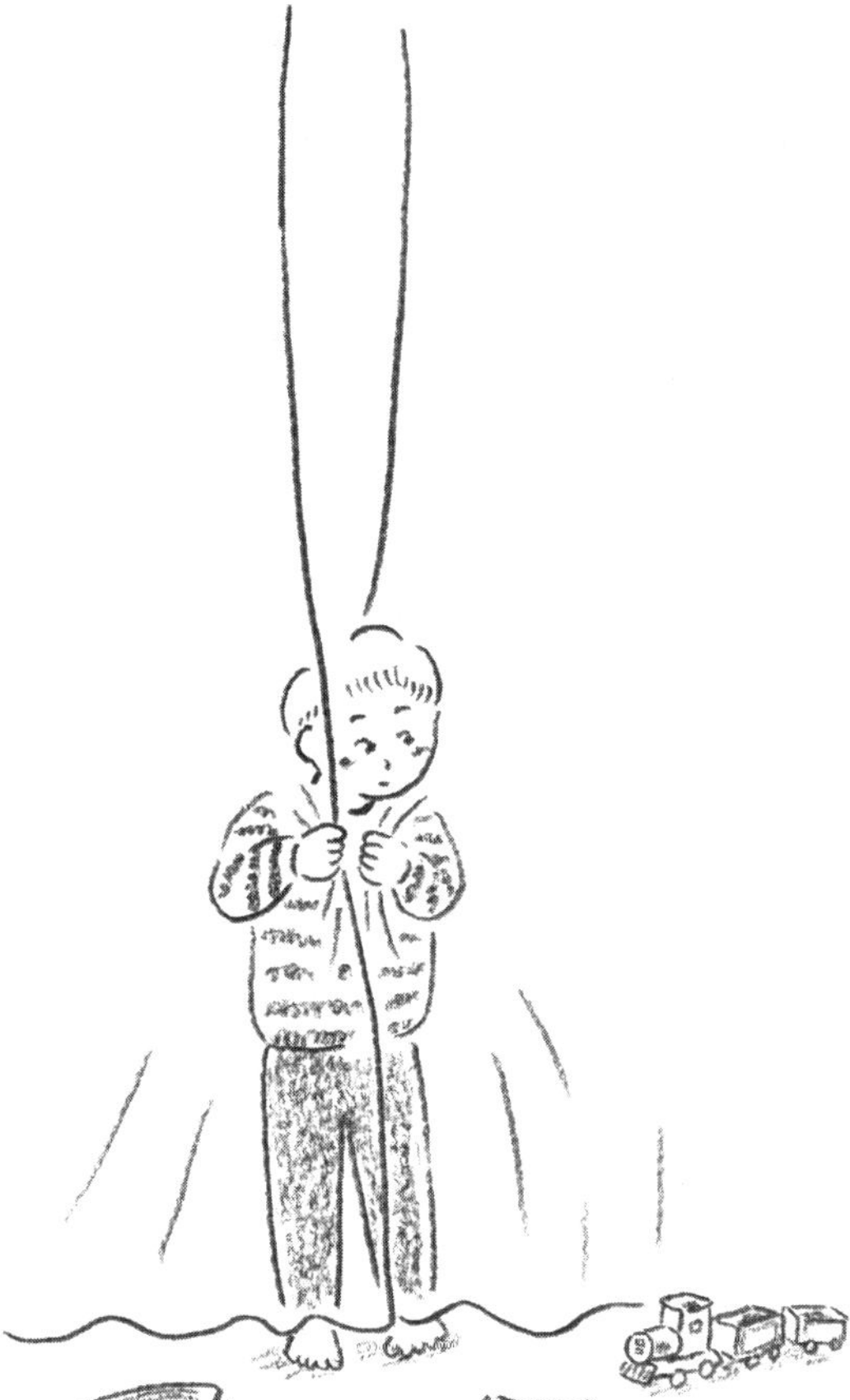

レールを敷くのは、親の仕事じゃありません

親が敷いてくれたレールに乗っかって、「よかった」「幸せになった」と言う子どもにはあまり出会いません。

親は子どもにけがをさせたくないから、一生懸命に石をどけようとします。そして、順調に前進できるようにレールを敷きます。

でもね、それって、今までの親が生きてきた中で培った価値観が土台になっているでしょう?

「こうしたら絶対、うちの子は幸せになれる」

「このレールに乗ったら一〇〇%安心・安全」

もしこれが断言できたら、そのためのレールを敷くのはなんにも悪いことじゃないですよ。

でも、お母さん、そんなことわかりますか？

十年後、二十年後の社会なんて、どうなっているか想像もつかないでしょう。お母さんが敷いたレールに乗って、一生懸命努力して、勉強して、いざ十年後や二十年後の社会にたどりついたとき、もしも、

「どうして自分は、こんなに不幸なんだ」

「自分のやりたいこと、いっこもできてへん」

ってなったとしたら、どうですか？　まず一番に、ここまでのレールを一生懸命に敷いてくれたお母さんに、子どもは恨みを持ちませんか？

こういう親子が今の日本には、たくさんいます。

お母さんは、この現実から真摯に学ばなくちゃいけないときがきていると思います。

結局はね、「親が自分の考えを持って、子どもを育てていますか?」ってことに尽きると思います。

早く始めたほうが有利だから。

周りが中学受験するから。

みんなが塾に行き始めたから。

後々、子どもが苦労しないだろうから。

こんな理由でレールを敷いているのだとしたら、それは、自分の考えじゃなくて、周りに動かされているからではないでしょうか。

「うちの子どもに必要だから、この道を選びます」というのと、「うちの子どもには必要ではないかもしれないけれど、みんなと同じようにしないと子どもが困るかもしれないから、この道を選んでみます」というのは、ぜんぜん別ものですよね。

子どもにとって「そのレールを敷くことが必要かどうか」を判断するのは、親です。そのためには、常に子どもと対等な関係で、本音で会話ができているか。本音の会話ができる親子関係があるかどうか。そこが問われているんだと思います。

ちゃんと子どもと対話して、子どもも納得して、「うちの子には必要だ」「子ども本人もやる気になっている」となれば、レールを敷くこともありなわけです。

是非を問うのではなく、子どもの本音や真意に耳を傾けて、親子で対話すること。

お母さんが一人で決めることじゃないですよね。そうしたら、抱え込まなくて済むでしょう。

子どもの人生の主役は、子どもなのだから。

子どもの言葉を最後まで聞き切る

子どもの声を聞き切っていますか？

「あんた、どう思う？」って、ただ聞くだけじゃないですよ。

子どもの言葉を、最後の最後まで、聞き切るんです。

自分が子育て中は、私は子どもの話を聞き切ることができませんでした。「どうした？」「なんでなん？」っていろいろ尋ねることはしていたけれど、娘があだこうだと話している途中で「そりゃ、あんたがおかしいよ」「あんたが間違うてんねん」って、自分の考えを言ってしまっていたんです。

これはもう、バツですね、大ぺけ！

立場を逆転してみたら、よくわかりますよ。自分が子どもになって親に必死に説明しているとします。説明半ばで「それ、おかしいねん！　あんたがあかんねん！」なんて言われたらどうですか？　また次に親にイチから話をしたいと思いますか？

娘二人を育てていたときは、仕事も手一杯で、自分の時間もあまりなくて、ゆっくり子どもの話なんて聞いていられない私でした。今振り返ると、ちょこちょこ話を聞くのをやめて「よし、今日はとことん、子どもたちの話を聞くぞ」と、腹を括《くく》って話を聞けばよかったなと思います。「どう？」と尋ねられたら、「ふうん、そうなん。ふうん、そうなん」って、とにかく同意しながら、何も言わずに、最後の最後まで、子どもの話を聞く。

家庭ではできませんでしたが、大空小学校では、校長として私は子どもの話をいつも聞き切ってはいました。

するとね、面白いことがわかったんです。最後の最後まで話を聞き切ると、どの子もみんな自分の中で正解をちゃんと持っているから、それを話してくれるんです。友だちとケンカしたり何かトラブルを起こしたりした子でも、

「でもさ、ほんまは俺が悪いねんけどな」

って、言い出すんですよ。

「え、さっきまで、○○君が悪いって言ってたのに。どうして？」

と問い返すと、

「いや、俺がこうしたらよかったけど、そうしなかったから悪いのは俺や」

って。

自分からこんなふうに振り返りをしてくれたら、聞いている大人としては、この子をほめたくなりませんか？　自然とほめてしまいますよね。

私はそうでした。「あんたすごいな！　そんなことまで自分でわかってん。すごいで！」ってね。

こんなやりとりができたら、子どもは悪い気しないでしょう？　たとえ自分が悪いことをしても、それを聞いてくれた大人がほめてくれたのだから。この経験が、子どもと大人の信頼関係につながるんです。

もし私が、この子の話を途中で遮《さえぎ》ってしまったら「この先生、俺の話を聞いてくれへん」って、そっぽ向いてしまうでしょう。

お母さんって、「子どもに何か言ってあげよう」「母としてこんな言葉かけてあげなくちゃ」と思うものです。確かにそれも大事だけれど、子どもの話を最後まで聞き切ることからスタートしたほうがいいんじゃないか、そう思うときもあります。

お母さん自身が正解を持たない

お母さんって案外ね、学校の先生と似ているところがあります。正解を持って、「この正解に子どもを導かねば」となりがちになるというか……思い当たる節は、ありませんか？

たとえば、「多様性が大事だから、自分と違う人のことを理解して、大切にしないといけない」とどれだけ〝正解〟を言っても、子どもはそうはなりません。

とりあえず、お母さんにとっての〝正解〟は、お母さんの心の中に留めておいて、「私はこう思うけど、あなたはどう思う？」

という子どもへの問いかけで、言葉を発信できたらいいですね。

少し視点を変えて、広い世界を見渡してみましょうか。

コロナ禍もようやく落ち着いてきて、行動制限も緩和されてきました。いつもの日常生活が戻ってきた兆しがあります。

でも、混乱の中で、弱い立場の人たちはさらに苦しい暮らしを強《し》いられることになりました。二〇二二年の児童生徒の自殺者数は五一四人で過去最多となっています（※2）。コロナ禍以前からあった日本社会のあらゆる問題が見事に露呈《ろてい》したのが、ここ二、三年のことだったのではないでしょうか。

世界に目を向ければ、少し前まで普通の暮らしをしていた人たちが、ある日突然隣国から攻撃を受け、罪のない人たちがたくさん殺されています。


「差別してはいけない」

「いじめはダメだ」

「戦争はいけない」

言い続けたところで、差別もいじめも戦争も、ぜんぜんなくならない。

世界中、問題が山積みですが、ひとたび家の中に目を向ければ、そこにもややこしいことがたくさん……特に子どもの成長に伴って悩みは尽きません。

母親として何ができるかといったら、「あらゆる物事を自分のフィルターを通して、どう、自分の考えに落とし込むか」、その作業をすることだと思うんです。「いじめがいけないってわかっていて、どうしていじめてしまうんだろう？」「戦争したら悲しむ人が増えるだけ。なのに争いがなくならないのは、なぜなんだろう？」って。

問いはそうやって始まるでしょう？

同じ問いかけを、子どもにもしてみるんです。

そうしたら、子どもたちは自分の言葉をきちっと返してくれると思いますよ。もしわからなかったら「お母さんは、どう思う？」って、聞いてくるでしょうしね。そうしたらまた、「私はこう思うけど、どう思う？」って、問い返せばいい。これが、「対話」です。

もし学校でこういう対話力を身につけていたら、子どもは家でもこの対話力をきっと発揮します。

でも、実際のところは、「対話が大事」とは言いながら、こうした対話を主体とした学びは、あまり学校ではできていない現状があります。

学校でできないなら、家庭で積み重ねるしかありません。

対話って、いろんな物事を多大に問い直しするツールなんですね。

「いじめはよくない。だからやめましょう」と正解を伝えるのは対話ではありません。

対話を主体として子どもの学びを深めるなら、

「いじめはダメってわかってるのに、いじめで辛い思いをしたり、学校に来られない子がいるのは、なんでだと思う？」

と、子どもに問いかけ続けないといけません。

そして、子どもの言葉を〝聞き切る〟ことですね（前項「子どもの言葉を最後まで聞き切る」参照）。

私は校長時代、自由に各教室を見てまわれる立場でもありましたから、いろんな子にこんな問いかけをしていました。

「なあなあ、いじめしちゃあかんってわかってるのに、なんで人っていじめるんやろうな？」

って。

そうすると、

「いじめたくないけど、大人が理解してくれへんから、ストレス発散してんねん」

とか、その子の本音の言葉を、ぽろっと教えてくれたりします。

ここで、

「人にやられたからって、同じことを他の人にするなんて、それはあかんわ」

と〝正解〟を言ったところで、対話は成立しませんよね。

子どもがそう言ったら、

「じゃ、そんなとき大人はどうしたらいいと思う?」

と、再び問い直す。

〝正解〟〝当たり前〟を問い直すために、お互いに必要なツールが、こうした対話なんです。

お母さんは正解を教えなくていい。

その代わり、子どもと対話ができる関係性を求めていくといいですよ。そうしたら、子どもとの関係性もとても豊かなものになるだろうし、こうした対話が、家の中での親と子の〝当たり前〟になっていきます。

子どもが本当に困ったときに、

「お母さん、助けて」

って言える、そういう親子関係でありたいですよね。そう言ってもらえる自分であるかどうか、お母さんはそこを自分の中で問い返すようにしてください。

誕生日の思い出

娘たちのお誕生日には、友だちを呼んで我が家でパーティを毎年欠かさずしました。

私はこのときとばかりに手料理をふるまったはずなのですが、娘たちは声をそろえて、

「いつも市販のミートソーススパゲッティやったよ」

と言っております。

II 変わる

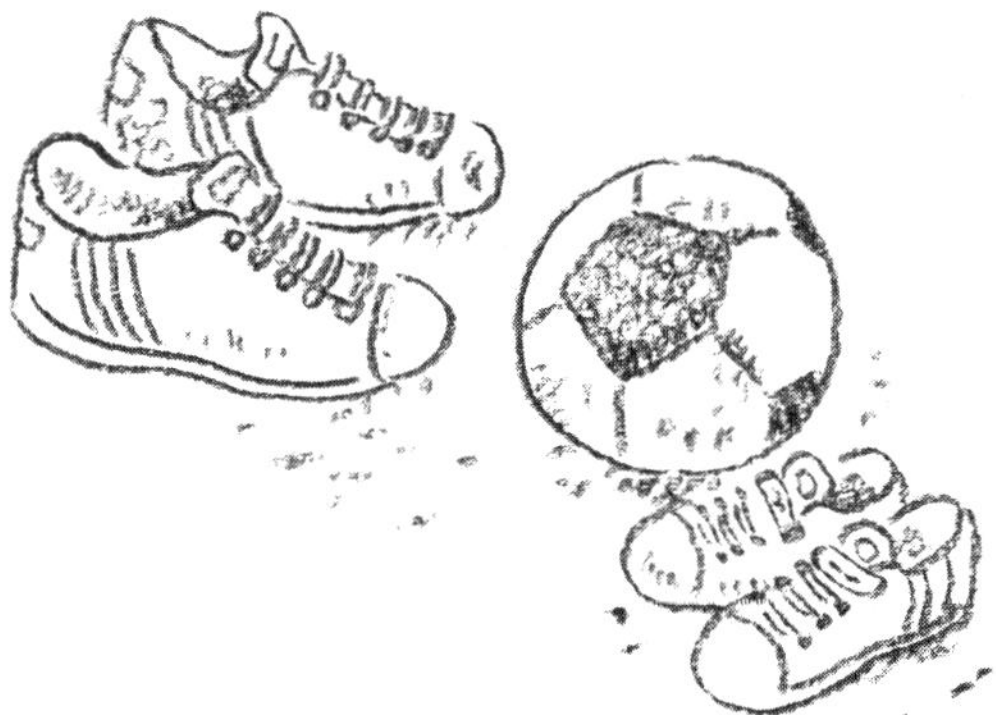

「驕《おご》り」を手放そう

「私がダメだから、この子の子育てがうまくいかない」
なんて、自分を責めたら、あかんですよ、お母さん。

それ、お母さんの驕りです。
そんな力、母親にある？
本当にあると思いますか？

親が必死になって子どもを育てようと思ったら、家に子どもの居場所がなくなります。子どもを育てようとするんじゃなくて、まずは親が視点を変えて子どもをよく見ます。そして、子どもが育つように言葉や行動を工夫してみるんです。

「こんだけ苦労してるのに、子どもは自分のほうを向いてくれない」

「こんだけ一生懸命やってるのに、子どもは言う通りになってくれない」

こんなふうに、ものすごい責任と重圧で、子育てをしている親御さん、たくさんいます。

でも、この親子関係が行きつく先には何があるでしょうか。

いつも親が何かをしてくれるのが当たり前になったら、いつか「親のせいで自分は不幸になった」と子どもが言い出しかねないです。「親が干渉ばかりするから自分は安定しない」「不幸になる」と。

親のせいにするような親子関係を作っていたら、お互いに崩壊するでしょう。

じゃあ、子どもがその子らしく育つ母親になるには、どうしたらいいか？　これは先生の場合も同じですね。教室で子どもがその子らしく育つ先生になるには、どうしたらいいか？


「あ、失敗したな」

「かかわり方、間違ったな」

と思ったら、〝やり直し〟をするんです。

自分の失敗や間違いは、ちゃんと自分でやり直しをする。行動にうつしたり、言葉にして伝える。

「ごめんね。私が悪かった。やり直すね」って。

自分の頭で考えて、自分で行動したことなら、人のせいにはしなくなりますよ。

「私は変わりたい、変わるんだ」って思いながら、なんにも言わない、なんにもしないままにリビングでただぼーっと座っているだけじゃ、ダメですよ。

子どもは、大人の行動からいろいろ感じているわけですから。親の一挙手一投足を、ちゃんと見ていますから。

何かアクションを起こそうとしている（起こしている）親を見ていたら、子どもも「うちのお母さん、まんざらでもないな」って、思うようになります。そして、放っておいても自分のやることに責任を持つ子に育っていくと思います。

自分一人で育てていると思ったら、大間違いです

前項「『驕り』を手放そう」で、お母さんが行動にうつすことの大切さについて話しました。

実はこんなエピソードがあるんです。

大空小学校にある男の子がいました。学校で暴れたりすることもあってなかなか手のかかる子で、お母さんはどうしたらいいか、とても悩んでいました。

悩んでいるお母さんに、私はこうアドバイスしたんです。

「母ちゃん、学校に来たら自分の子はいっさい見なくていい。その代わり、自分

の子どもの周りにいる子どもたちに、どんどんかかわりなさい」と。

自分の子ども以外にも、困り感を抱えている子はたくさんいます。そういう子どもたちにいっぱいかかわっていったら、そんな自分の母親の姿を、遠巻きに自分の子どもが見るわけです。大空小学校は地域とともに作る小学校でしたから、保護者も街の人も、主体的に子どものサポーターとして出入りしていましたし、みんなそうやって子どもたちに声をかけていました。

そのお母さんは、私の言う通りに行動しました。自分の子は放っておいて、その周囲の子どもたちに積極的に声がけするようにしたんです。

そうしたらそれを見ていた子どもがこう言ったんですね。

「俺が家であんなふうにやんちゃしてたら、母ちゃんは『何度言われたらわかるの、あんたは！』って怒るばかり。だけど、同級生のあいつには『大丈夫？　私に何かできること、ある？』って、聞いてる……なんか、別人みたいだ」って、目を丸くしたんです。

そこで私が尋ねました。「自分のお母さん見て、どう思う?」って。

すると子どもは「あんなお母さん、いいなぁ」って言うんです。

「そのいいお母さん、自分のお母さんでしょ」って返すと、「うちのお母さん、まんざらでもないなぁ」って、こうぽつり、漏らすんですよ。

ちょっと話が長くなりましたけれど、お母さん自身が行動して変わること、それを子どもが見て何かを感じるというのは、こういうことです。

暴れたり、暴言吐いたり、言うこと聞かなかったりする子どもを、母親は家で叱るでしょう。そして怒るでしょう。

でも、叱って、怒ってだけで終わってしまったら、ダメなんですよね。

「先生、こんなことしちゃったんだけど、親には言えない。言ったらめっちゃ怒られる。どうしたらいい？」って、校長室にＳＯＳを出しにくる子に、「なんでお母さんに言えないの？」と尋ねると「怒られるだけだから」と答えていました。「怒られた」後の「その次」が、ないんですね。

大人にやり直しをする習慣がないと、子どもを叱り飛ばすだけで終わってしまいます。でもそれでは、親子でなんにも学びがないし、なんにも変わりません。まず変わるのは、お母さん。行動するのもお母さん。

そして、子育てを自分一人で抱え込まないこと。ＳＯＳを出したくなったときに、相談できる大人が子どもの周りにいればいいんです。そのためにも、自分の子どもに他人がかかわってくれるような環境を、たくさん用意しておきましょう。

「子どものために」という言葉は、捨てましょう

自分一人でちゃんと子どもを育てようなんて、とんでもなく難しいこと。難しいというよりも、そもそも無理なこと。そう割り切ったほうがいいです。

「子育てをあきらめなさい」「放棄しなさい」と言っているんじゃないんですよ。

「どだい、一人でなんて、無理！」と思っていたら、視点が変わるでしょう？　また、見えてくる世界も違うでしょう？

「一人でできないことなら、誰かに助けてもらわなくちゃ」

ということになりますね。

そう、お母さんにできることは、子育てを助けてくれる周囲の人や環境を、どう活用するか。そこなんです。

いかに周りの力を活用できる親になれるか。

子育てに周りの人や環境を巻き込めるか。

こうするとね、周囲の人や環境が、〝子育ての当事者〟になっていくんです。

〝子育ての当事者〟がどんどん増えていけば、お母さん一人で抱え込まなくてもいいですから、楽になっていきますよ。

巻き込むときのお約束は一つだけ。「できる人ができるときに、無理なく楽しく行動すること」。

子どもが主役になっていなければ、親がいくらがんばったって、子どもは育ちません。「子どものために」という言葉は捨てましょう。そして、お母さんは「自分のために」、子育てを助けてくれる人や環境を、増やしていきましょう。

親である限り、アップデートし続ける

親子だと、親が強者で子どもが弱者だという力関係には、なかなか気づけないものです。そして、「子どもを育てるお母さん」だと、いつも自分が主語になってしまいます。自分のことは見えているけれど、子どものことは見えていない状態になりがちです。

でも、「子どもが育つお母さんになろう」って思ったら、自分と一緒にいるときの子どもの表情にも注目しないといけないし、それに合わせて、自分がどんな行動をとればいいか、考えないといけませんよね。

せっかく用意した夕ごはんに、親の気も知らないで子どもがブーブー文句を言い始めたら、たいていのお母さんはイラっとして、

「文句言わんと、黙って食べなさい！　いやならもう、今度からごはん作らないよ！」

と、叱り飛ばすでしょう（一三四ページのお話もぜひ参考にしてください）。怒りを爆発させたとき、子どもがどんな表情をして、何を考えながらごはんを食べているか。そんなことに思いがいきますか？　いや、無理ですよね。

思いがいかないときというのは、お母さんが子どもから何かを学ぼうとする態度が欠けているときです。

学びって、今の自分をちょっとだけアップデートすることです。いくつになっても、アップデートし続ける限り、自分は変われますし、成長もできます。

お母さんはそれを習慣化するようにしたらどうでしょう？

そうしたら、どんなにしんどいことがあっても、学校から何を言われても、子

どもが何を言おうとも、ぜんぜん動じない母になっていきますよ。

いつも子どもの状態を見て、

「どう思っているかな？」

「何を感じているかな？」

「成長しているかな？」

に注目する。

それに応じて、自分も言葉を変えていき、アップデートを止めないこと。

みんな「これでいい」といつでも胸を張って言える、自信満々な親でありたいと願うものです。

でも、「これでいい」と思った瞬間、「親業、廃業！」って、私は思います。

失敗はチャンス。やり直しができるのだから

失敗したくない。
間違えたくない。

誰もがそう思うでしょう?
でもね、私はいつも子どもたちにこう言っていました。

「いっぱい、失敗して! 失敗したらやり直せるんだから、チャンスやで!」
「やり直しの回数と、やり直す力。それが多ければ多いほど、大人になったら無

敵やで！」

　失敗をやり直したら、成功体験に変わります。失敗をそのままにしていたら、失敗体験のままですけれどね。でも、やり直しをすれば成功体験が増えていくわけだから、「めちゃくちゃ楽しい大人になれるよ」と。

　親も同じです。

　私が校長をしていたときの在校生は、もう今は大学生や社会人になっています。いまだにその子どもたちのお母さんからお手紙をいただきますが、最近もらったお手紙の一つにも、「先生、ぶれたので、やり直ししました」なんて、書かれていました。

　このお母さんは当時、藁《わら》にもすがる思いで大空小学校に一人息子を転校させてきました。以前の小学校には息子の居場所がなく、教室にいることすらままならなかったのです。でも、大空小学校に来てから少しずつ教室で過ごせるようになり、授業や行事にも参加し、この子は立派に小学校を卒業しました。

息子の今後が見通せない中、この子のお母さんはとても苦しんでいましたが、自分も少しずつ変わっていったのですね。「間違えた！」「失敗した！」と思ったら、やり直しをして前進することを、母自ら、実践しました。

「しっかりと今を生きています」――このお母さんからの手紙は、そう言っているようでした。

強さは捨てて、自分の考えを持ちましょう

自分の子どもを守れるのは、親だけです。

お母さん自身が人のせいにしたり、ＳＮＳの情報に惑わされたり、噂に振り回されたりするんじゃなくて、自分の考えで、自分の子どもを守る。

たとえその行動が周りにどう思われようと、自分の子どものことは自分が一番よくわかっているのだから、それを信じて、母親は自分の考えで行動するのがすごく大事なのではないかと思います。

今は少し落ち着きを取り戻していますが、コロナ禍で非常事態が続いたとき、

学校現場も家庭も揺れました。

子どもを学校に行かせていいのか。

持病のある子にとってはどれくらいのリスクがあるのか。

先生や教育委員会に尋ねたところで、全人類にとって初めての危機だったわけですから、誰もわかりません。そうなったら、親の判断で、子どもの安全を考える他ありません。

いっぱいアンテナを張って、周りのことを知るのは大事。でも、たくさん情報収集をした後で、決めるのは自分です。考えるのも自分、行動するのも自分。自分で考えて行動したことでうまくいかなくても、人間って人のせいにはしないでしょう？

「自分で考えて、行動する」って言うと、「強くなること」だと思う人もいます。でもね、子どもを守るのに、強さはいらないんですよ。強くなろうと思うと、「あの人みたいになろう！」とか「こうしなければいけない！」みたいな考えが頭をもたげてきます。自分以外のものを自分の中にはめこんで行動しようとしてしまうから、無理が生じてしまうんです。そうすると、「あの人が、こう言ったから」とか、「ここでこう思ったから、私は強くならざるをえなかった」とか、人のせいにするものが周りにいっぱい出てきてしまう。

校長時代にたくさんのお母さんと言葉を交わしました。苦しんでいるお母さんほど「がんばらなくちゃいけない」「いいお母さんにならなくちゃいけない」と思い込んでいました。

「この子を守らなくちゃいけない。そのために自分で考えて行動しよう」というのと、「この子を守らなくちゃいけない。そのために、自分は鉄よりも強くならなくちゃいけない」というのは、ぜんぜん違うと思います。

「強くならなくちゃいけない」と思っているお母さんは、いつまでも強くなれないから、どこかでポキッと折れるんです。

「強くならなくちゃ」と思い続けているときは、ずっと空気を吸い続けている状態です。だから、ものすごくがんばっているのに、息が吸えなくなってしまうんです。

そんなお母さんに言えることは「がんばるの、やめなさい」ってことだけ。

そうしたら、息が吐けます。そして、弱音も吐けます。

子どもに弱音を吐こう

周囲に頼られて、「自分がしっかりしなくちゃ」「がんばらなくちゃ」と思っていると、誰にも弱音が吐けないときがあります。

教員時代（校長になる前）の私自身が、まさにそうでした。

校長や教頭は頼りにできませんでしたし、逆に同僚の教師たちはみんな自分を頼っていましたから、しんどくても、そう言えなかったのです。「しんどい」「辛い」なんてこぼしたら、みんなに信頼されなくなるんじゃないかと不安でした。

でも、初めて校長になったとき、弱音を吐ける人になろうと、自分をアップデートしたんです。

「子どもに『くそばばぁ』って言われた……」

「失敗しちゃったらどうしよう？」

校長自らが率先して、誰よりも一番に、弱音を吐きまくったんです。

そうしたら、変化が起こりました。

周囲の先生たちも、弱音を吐くようになったんです。

少しずつ、職員室が、弱音を吐ける場所になりました。そうしたら、誰も一人ぼっちにならなくなりました。「困ったことがあれば、ここに来て言えばいい」――そんな雰囲気になったら、困り感を抱えた子どもたちが、次から次へと「助けて！」って、職員室に飛び込んでくるようになったんです。

いつのまにか、校長の私自身も、背負っていたたくさんの荷物を肩から下ろしたときのように、すごく体が軽くなっていました。「よく道も間違えるし、方向音痴だし、間違いもする。でも、これが私なんだ」って思えたら、ものすごく働くことが楽しくなっていきました。

ママ友にも言えない。

職場の人にも言えない。

だんなも頼りにならない。

学校にも、話せる先生がいない。

子どものことは全部私がやらなくちゃいけない。

こんなプレッシャーを抱えて、一人で奮闘しているお母さん、たくさんいます。

でも、「誰も頼りにできない」と思ったら、思い出してくださいね。自分の子どもがいることを。自分の子どもを頼ってください。そして、自分の子どもに、弱音を吐くんです。

実際に私が経験したことですが、今までしっかりしていたはずのお母さんが、子どもに弱音を吐きました。それを教えてくれたその子と、こんな会話をしたことを覚えています。

「なぁ、校長先生。ママに相談されたんだけど」

「ええなあ、あんた、ママに相談されたんだ」

「……どうしたらいい？」

「あんたは、どう思うん？」

「うーん。わからんわ。わからんから、俺、ママと一緒に考えることにする」

「私がママやったら、それってめっちゃ嬉しいよ」


人間って、弱音を吐けなかったら、息ができなくなります。吐けなかったら、吸えないでしょう？　辛いときは、「ああ、しんどい！」「もう、いや！」って、吐き出せばいいんです。

「今、お母さん、困ってんねん。立ち止まってんねん。なあ、どうしていいかわからへんねん。ねぇ、教えてよ」って子どもに相談すればいいんです。そうしたら、子どもはスーパーマンみたいに変身しますよ。

お母さんが自然に弱音を吐くようになると、子どもも自分がしんどいときに弱音を吐いてくれるようになります。

これって、最高の関係性じゃないでしょうか。

親も子も、スポンジみたいに、ストレスや溜め込んでいるものを絞り出すのがいいです。空っぽになったら、お互いにしんどさを受け止め合えるでしょう？どちらかがどちらかの溜め息を吸い込んで、もうこれ以上吸い込めなくなったら、ぎゅーっと絞り出せばいい。

本音を出し合えたときに、信頼関係は生まれます。危機を乗り越えるときにこそ必要なのも、信頼関係です。本当に困ったときにつながるからこそ、信頼できるのですよね。とことん困ったときに「そばにいるよ」と誰かが言ってくれたら、それだけで「この人と一緒にいてよかった」って、思えます。

親子の関係性も夫婦の関係性も、小さな信頼の積み重ねでできています。

「大丈夫」を口癖に

孫が毎朝小学校に行く前のわずかな時間、布製のサッカーボールを投げ合って、キャッチボールをするのがちょっとした日課になっています。

いつのまにか力も私と互角になり、強いボールを投げるようになりました。

「スキル上がったな！　学校でもよく投げてるの？」と尋ねたら、「うん、ドッジボールやってるよ」と孫。

そこで私は思わず、

「へえ、あんたよりも上手な子、いてるん？」

と聞きました。

孫はちょっと考えてから飄々《ひょうひょう》と答えました。

「そんなん、人それぞれや。聞く必要ないやろ」

孫の言葉を受けて、私は「これは、やり直ししなければ」と、猛省しました。

「僕が友だちよりもうまいかどうかなんて、そんなのどうでもいいやろ」

「上手な人も下手な人も、いるもんだろ」

孫は、素直にそう思って、それを私に返してくれた。

まったく、その通りです。


子どもと対話するとき、「人と比べてどうか」なんてことは、問わないようにしてきた私でした。でも、人は失敗を繰り返すものなのですね。「あぁ、しょうもないこと言ってしまったな。あかんなぁ」と感じたエピソードです。

成績の違い。

体型の違い。

背丈の違い。

我が子とよその子の違いが気になって、比較してしまうことはよくあります。

私自身もたくさんのお母さんから相談を受けてきました。

悪気はないけれど祖父母が、

「うちの孫は、食が細いからよその子と比べるとすごく小さくて」

「お姉ちゃんと比べると、勉強イマイチなのよね」

と子どもの前で言ってしまうので、

「もう、我慢できなくて……」

「うちの子がかわいそうで……」

こんなケースが多かったです。

安易にこういう発言をしてしまうのは、「悪い」という意識がそもそもないからです。あるいは、そういう見方（違いをあれこれ見比べてしまうこと）が体に染みついているのですね。でも、「その考え、改めてください」なんて、大の大人になかなか言えるもんじゃありません（特に相手が義理の両親なら、なおさらでしょう）。

ここで大切にしないといけないのは、言われた子どもの自尊感情です。もし、言われた子どもがしゅんとしていたり、何か傷ついている様子が感じられたら、私が母親なら子どもにこう言うでしょうね。

「私（お母さん）が言われたら、いやだと感じると思う。意地悪する気も悪気もないのかもしれないけれど。もしかしたら、自分も同じように言われ続けて大人になったのかもしれないから、だとしたら仕方ないかもしれないね。でも、私はいやだと思うから、私も○○ちゃんも、他の人にはああいうことは言わないようになれたらいいよね」

子どもにあれこれ説明しようとしたり、いいことを言おうとしたりすると墓穴を掘ることもあります。そんなときに便利な言葉が「大丈夫」です。

「大丈夫、大丈夫。いろんな人がいるんだから、人それぞれ違うんだから。そんなこと気にするよりも、ハートを大きくしようね」ってね。

「大丈夫」は、励ましの言葉です。

同時に、「私、ここにいるよ」という安心感を与える言葉でもあるし、「あなたのこと、気にかけているよ」というメッセージにもなります。

お弁当だけは

早朝、出勤前にできるので、お弁当だけはけっこう楽しく、毎日作っていました。おにぎりと卵焼きと肉の甘辛炒めと緑の野菜は定番。子どもと一緒に過ごす時間が短い代わりに、お弁当には毎日、手紙を添えていました。

お弁当作りの日々を終えてずいぶん経った頃のこと。用事があって娘の部屋にちょっと入ったときに、部屋の壁を見てびっくり。毎日お弁当に入れていた手紙が、びっしり貼りつけてあったんです。たいしたことは書いていなかったですけれどね。「へぇ、こんなにたくさん、書いていたっけ」と、呆気《あっけ》に取られてしまいました。

長女はすでに中学生の子どもの母になっていますが、いまだに「お母さん、あのお弁当作ってほしい」と言います。親が持たせてくれるお弁当って、どこかあったかい思い出があるのですよね。

Ⅲ 支える

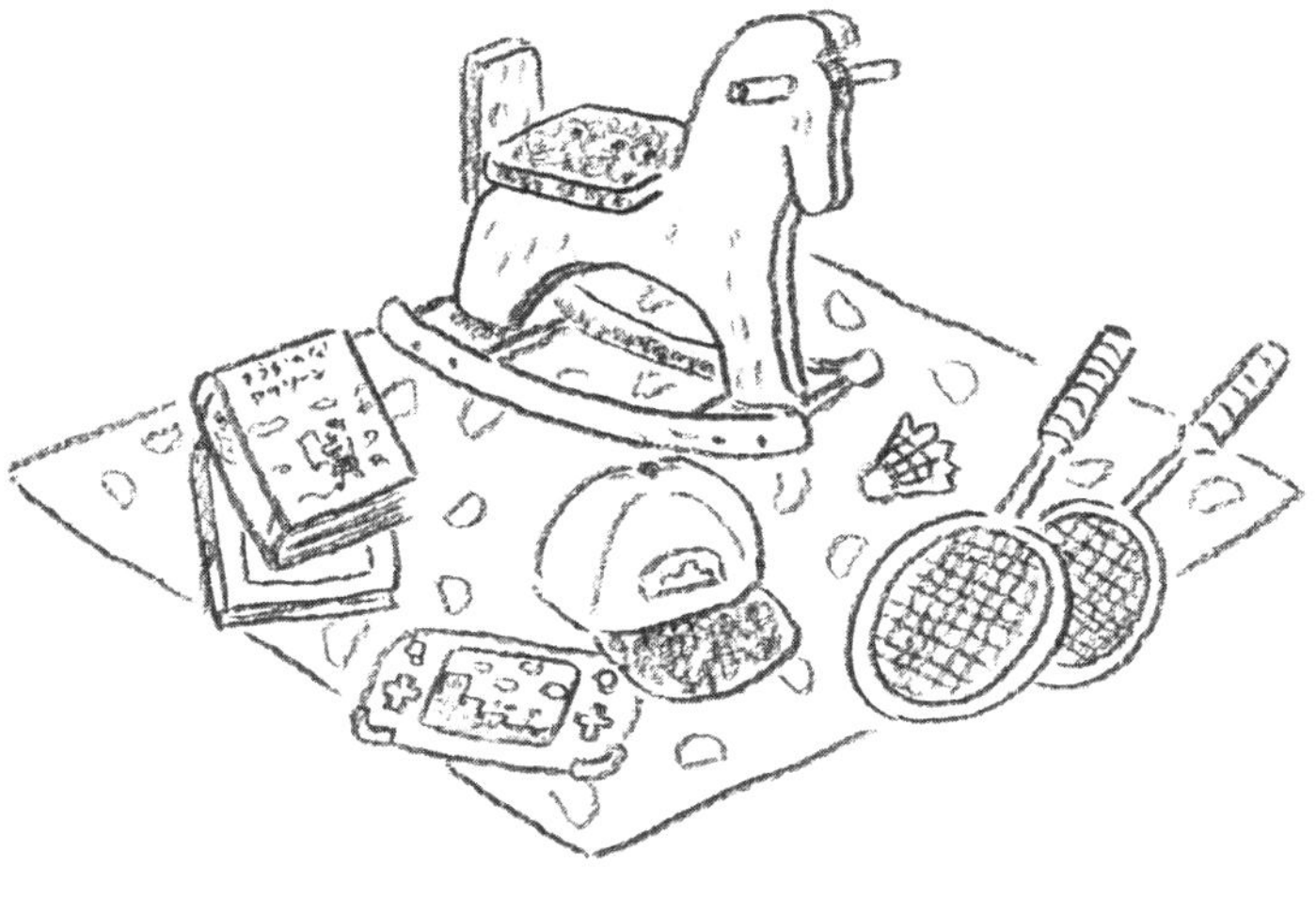

「困っている子」のお母さんは、みんなで支える

もしも、学校の先生に、

「お宅のお子さん、教室で迷惑ばかりかけてますよ」

なんて言われたら、どうでしょう？　心穏やかでなんていられませんね。普通はそうですよね。

「あー、うちの子が教室の空気を乱してるなんて」

「みんながやるように、できてないんだ。どうしよう？」

と、不安になるのは当たり前です。

でも、この先生のひとことは、同調圧力ですよね。「あなたのお子さん一人が

周囲と違うので困っています。だから、周りと同じようにできるようにしてほしいです」と言っているようなものですから。

〝迷惑をかけている子（その先生がそう言っているだけで、決して迷惑な子ではないですよ）〟のお母さんだけが、悩み苦しむのは、ちょっと違うと思います。

いろんな人がいて当たり前。そんな多様性を受け止められる社会を少しずつ築いていくのなら、こういうことを言われたお母さんを決して、一人きりにさせないことです。孤立させないことです。他のクラスメイトの親たちみんなで、このお母さんの悩みや苦しみを想像し、支えてあげないといけない。

大空小学校に通う子どもの母で、こんな方がいました。義理のご両親からのプレッシャーもあったようなのですが、とにかく一人っ子の娘をちゃんと育てようとがんばっていたお母さんでした。

私から見ていると、娘さんを世間一般で「理想」とする子どものイメージそのままに、育てようとしていた印象でした。ちゃんと勉強ができて、「はい」とお返事もできて、周囲への挨拶もできる子。

身だしなみはいつもきちんとしていて、忘れ物もしないしテストでもいい点を取れるし、夏休みの自由研究や課題もそつなくこなせる子。

先生や同級生を困らせることなく、周囲と協調してやっていける子。

祖父母が「うちの孫はこういう大学に入れて、立派にさせる」と強く意識していたのもあり、お母さんはすごくプレッシャーを感じているようでした。

ところが、手のかからない、いわゆる〝いい子〟だったその子が、今までにはないトラブルを抱えるようになりました。いつのまにか自分から口を閉ざすようになり、何も話さないようになってしまったんです。

そうなったとき、まず、このお母さんをよく知るママ友たちが、

「まずは、あの子のお母さんを支えよう」

と、立ち上がったんです。

そして、「あのお母さんを支えるなら、ご主人にも変わってもらわなくちゃ」となって、ママ友たちが相談した結果、父親のことは自分たちでは無理だから校長に任そうとなり、私から父親に話をすることになったのです。

仕事が休みの日に子どもを学校に送ってこられる朝、「お父さん、大丈夫？」と声をかけました。そこから雪が一気にとけるようにお父さんもお母さんもつるっと息を吐かれたように覚えています。

そうしたら、その娘さん、ある日突然、ぶわーっと話すようになったんです。自分の気持ちを、自分の言葉で。

あるときをさかいに、一気に変わったんです。

問題が起きる前は、こんな手のかからない子だったら、楽なのにな、理想的だなって、周囲に思われていた娘さんだったと思います。おうちも裕福なようでしたから、早々と塾通いもしていて、「あそこの家はいいな」「幸せそうだな」ってみんなが思っていたのかもしれません。

でもね、その子が心の中で本当は何を考えていて、何を思っているかは、たとえ親でもわからないものなんです。ましてや周囲の人たちになんて、想像もつかないでしょう。幸せそうな家庭に見えても、内実、わからないことはたくさんあります。

義理の両親からのプレッシャーもあり、「私の子育ては、こうすればいいんだ」と、このお母さんは突き進んでしまったのだけれど、結果、肝心の子どもが置き去りになってしまったのですね。

「こうすれば正解」みたいなことは、子育てにはありません。

このお母さんは、とても幸運でした。周囲のママ友たちが、このお母さんを置き去りにしないように、支えてくれたのだから。

子どもに何か問題がある場合、本人も苦しんでいるのかもしれませんが、それ以上に、その子のお母さんも、やはりとても苦しんでいます。

もし、身近にそんな親子がいたら、

「どうしたの？」

「大丈夫？」

「何か私に、できること、ある？」

と話しかけてください。

それは巡り巡って、いつか困ったとき、あなたを支えてくれます。

親子であっても、子どもと大人の力関係の「違い」に気づきましょう

世の中には二種類の人間しかいません。
大人と子どもです。

大人は強いです。
大人と比較したら、子どもは社会的弱者です。
なぜなら、大人に食べさせてもらえなかったら、生きていかれないのですから。
大人の責任は何かといったら、すべての子どもの命を保障することです。
死なせたらいけないし、安心して成長できるように、見守ること。

それがすべての大人に託された使命ではないでしょうか。


大人は強い力を持っています。

子どもは弱い立場にあります。

強い力を持っているほうが、この違いをよく理解して、お互い対等な関係に持っていけるか。ここがとても大事だと思います。


違うものは違うんです。

たとえば、クラスに「障害」のある子と、「健常児」と言われる子がいたとします。

障害のある・なしは「違い」です。

この「違い」を、対等な関係としてつなぐのが、周囲にいる大人の役割です。

「違い」をなくしてはいけないんですね。違いは違いとして理解し合うからこそ、対等な関係ができて、人はつながっていくんです。

この「違い」を格差にするか対等な関係にするかは、すべて大人の言動が作り出す空気です。子どもは大人の表情や行動をよく見ていて、同じように真似をすることが多いです。

親子も同じです。親（大人）と子どもの違いをわかった上で、対等な関係性ができたら、親と子は確実につながります。

子どもの本質を知ろう

暴れる子。
すぐに友だちに乱暴なことをしてしまう子。
平気で「くそばばぁ、死ね！」なんて悪態をつく子。
いじめる子。
いじめられる子。

「困った、この子、どうしたらいいだろう？」と、お母さんを悩ませてしまう子どもたちをたくさん見てきました。

でも、どんな子どもたちも、本質はとてもやさしい。

そのやさしさを大人は忘れています。忘れているというか、見えていないのかもしれません。

生意気なことを言っても、憎まれ口を叩いても、小学生くらいの子どもなら、この世に生まれてせいぜい十年かそこらでしょう。たったそのくらいしか生きていない子どもには、大人のような腹黒さはいっさいありません。

子どもは大人にすごく気を遣っています。でも、いかんせん人生経験がまだありませんから、大人を満足させたり安心させたりする言葉で、表現できないことがたくさんあります。

だから、気持ちとまったく逆のことを言ってしまうこともあります。

本当はそばにいてほしいのに、「うっさい！　向こう行け、くそばばぁ」なんて毒づいてしまったりね。

そんな子に限って私に「なぁ、先生。なんでうちのママは、向こうに行くんや？

変やろ?」って、聞いてきます。

ね、矛盾してるでしょう?

「あんたが『うっさい! 向こう行け、くそばばぁ』って言ったから、あんたの言うことをママは聞いただけやんか」って返すと、「でも、それくらいわからんかなぁ? なんで横におってくれへんのかな」って、キョトンとして言います。

「だったら、『ママ、横におってー』って、言えばいいやん」って言うと、「そんなん、俺、言われへん!」ってね。

「母ちゃんが困ったらあかんから、いじめられてることを言われへんかった」みたいな子もたくさんいました。

そのうちの一人の男の子は、小学二年生でいじめに遭い五年生まで「不登校」だったのですが、小学校の最後の一年を「大空小学校で過ごしたい」と、自分で選択した子でした。

この子のお母さんも、長いこと息子がいじめられていることを知りませんでした。「俺がいじめられてる言うたら、母ちゃん悲しむやろ。俺、言われへん」って、ずっと黙っていたのです。六年生になって大空小学校に転校してきたこの子に私は、こう伝えました。

「学校に行きたくても行けなかったんだよね。でも、（いじめで）死ななくてよかったね。生きていてよかった。今まで学校に行かなかったのは、きみの最高のチョイスだったね」と。

思いと真逆なことを言ってしまったり、本当のことが言えなかったり、子どもってみんな、こんなやさしさや繊細さがあるんです。

どちらも、子どもの本質的な部分を教えてくれるエピソードです。

一番大切なものは、なんですか？

お父さんとお母さんの仲が良かったら、子どもは安心します。でも、たとえどんなにすばらしいお父さん、お母さんでも、仲が悪かったら、子どもはいつも不安です。仲が悪い空気を存分に吸うことになると、とても気を遣うようになります。自分にしんどいことがあっても言えなくなるし、両親がいがみ合っている突き刺すような空気が、いつ自分に向けられるかわからない。もし自分に向けられたら、両親が結託して自分が怒られることになる。結果、子どもが両親のストレスのはけ口になってしまうのですね。

どんなに貧しくても、学歴なんてなくても、お父さんとお母さんが仲良しなご家庭のお子さんは、とても安心していました。

ここで言う「仲良し」って、どういう意味だと思いますか?

何も、たくさん会話をしているとか、そういうことじゃないんです。「一緒にいるのが安心」っていうことなんですね。なんにもしゃべっていなくても、一緒にいて安心な気持ちがあればいい。その安心な気持ちがどこからくるかといったら、お互いに、子どもに目が向いているかどうか、です。

最近は、お母さんが外で稼いでいるご家庭も多いでしょう。二〇二三年の総務省の調査結果によると、育児をしている人のうち、仕事をしている人の割合は八五・二%。男女別の割合は男性九九・〇%、女性七三・四%ですから、働くお母さんがいかに多いかがわかります(※3)。にもかかわらず、一週間に費やす家事関連時間は男性が一時間五四分なのに対し、女性は七時間二八分(※4)というデータが示すように、〝家事や育児はお母さんがして、お父さんは外で働いてお金を稼ぐ〟という役割分担に基づいた認識が、まだまだ払拭しきれていない現状が残っているような気がします。
よりお金を稼いでいるのは父親のほうだから、父親が働きやすいように母親も子どもたちも父親に気を遣うようになると、子どもがちょっと家の中で騒いだり、やんちゃなことをすると、「おまえの責任やろ」って、父親が声を上げる。母親は、父親に負担をかけないように子育てするのが自分の役目だと感じるようになります。こうなると母親のストレスは増すばかりですし、夫婦が子どもに向ける視線も不均衡になっていく。結果、子どもは次第に、一〇〇%、安心して暮らせなくなっていきます。

そういうお父さんに、「一番大事なもの、何？」って尋ねてみましょう。
もし、「仕事」と答えたら、ちょっと残念ですよね。
仕事も含めていっぱいやらなくちゃいけないことはあるけれど、「一番大事なものは何か」という問いは、「なくしたら困るものは何か」という問いと、一緒でしょ？

仕事なくしたって、転職したり、職探ししたりすればいいだけ。

でも、自分の子どもをなくしてしまったら、生きていけない。

自分で気がつけなくても、人から大切なものを尋ねられたときに、想像力を駆使しながら「あ、そっか。子どもだな」と思えるお父さんなら、いいと思いませんか。

疲れているときに子どもに「パパー、聞いて！」って話しかけられたとします。

「今、疲れてるから。元気になったら話聞くからな」って答えて、自分の休息の時間を持つのは、おおいにありでしょう。でも、「うるさい！　今は疲れてるから、あっち行け！」って言われたら、子どもはどう思う？　「もう二度と、パパには話さない」と思ってしまうでしょう。

本当に自分の子どもを大切に思っているなら、それくらいの言葉がけは、大人として我慢してがんばって言いなさい、と私は思います。

子どもの面倒をみている大変さを、子どもと接している時間の量で推し量ることもあります。ただ、時間だけでは決められない部分があるのも事実。

何時間かかわって、どう世話をしているかは、目に見えるものでしょう。目に見える部分だけじゃなくて、「何より優先しているのは、子どもだ」という想いが、両親それぞれの中にあるか。やはりそこを、いつも親は問い直していかないといけない。

家族って、車のハンドルのようなものだと思います。ハンドルは左右どちらに動かしても遊びがありますね。だから、ちょっと遊びがあって揺れていても、おおむね目指す方向が同じなら、ぶれずに前に進んでいけます。

親が仕事をしていなかったら、家族みんな、食べていけない。

だから仕事が大事なのは当たり前なのですが、お父さんに一番大切なものを尋ねてみて「仕事」と返されたら、「あれ、残念！」って、にこにこ答えてみたらいいですよ。で、しばらく経ったらまた、同じことを尋ねてみたらいいと思います。車のハンドルをちょこっと動かすような感じでね。

そういう遊び感覚みたいなものが、家族が同じ方向になんとなくでもいいから進んでいくためには、大事な気がするんです。

夫婦はいつでも支え合っていられたらいいけれど、お互いに仕事があったり、仕事以外にもやることがあったりして、子育て中はとにかく時間がない。でも、お互いに支え合うのがうまくいっていなくても、不満があっても、「大切なのは、子どもだ」というところでつながっていられたら、夫婦はそれで結果オーライですよ。

ほめて成長するのは、親も同じです

忘れられないお父さんがいました。

父子家庭で息子と二人暮らし。母親は好きな男性ができて、息子がまだ低学年くらいの頃に家を出ていったきりでした。

息子が小学校を卒業して数年後、父親が突然職員室に現れたんです。

「校長先生、息子が高校を無事卒業してん！」と満面の笑顔。傍らには、すっかり大人の顔になった息子がいました。

「えー、おめでとう！」

私は、子どものほうを向いて笑顔を返したのですが、それを見て父親は、

「先生、子どももちゃう！　自分をほめて！」

って言ったんです。

私はハッとして、

「父ちゃん、よくがんばったなー！」って、その父親の頭をなでました。それを見て、その場にいた職員室のみんなが、涙を流していました。


このお父さん、男手一つで子育てをしていて、苦労も多かったのですが、同級生の親と揉め事を起こすこともありました。

ただ、親はどうであれ、子どもの学校生活や学びは、守らなくていけません。だから、教職員も同級生の親たちも、息子とはずっと話をしていましたし、息子の話には耳を傾けていました。「父ちゃん、こんなことしてん」ってしょんぼりして打ち明けられたときは、「そうか。父ちゃんも必死やねんな。でもさ、い

ろいろ思うけど、あんたはまだ子どもやん。だから、大人（父ちゃん）のことは、ほっとき。大空小にはこれだけ大人がいてるやん。困ったら誰にでも助けを求めや」って。

同級生の親たちも最初はひいたり、「あんな親、どこか行ってほしい」という態度すらもうかがえました。でも、父親が何か問題を起こして、やり直し（反省）をするたびに、そのことを周囲で共有しました。最初は眉をひそめていた人たちも、次第に「あのお父さんも、困ってんねんな。もう納得したから、大丈夫」と、その親子を見守るようになっていきました。

そんな問題児ならぬ〝問題な父〟だった人が、無事に一人息子を高校まで卒業させることができたのです。息子は就職まで決めて、「校長先生、お金稼げるようになったから」と、初めてのお給料で抱えきれないほどたくさんのジュースを買ってきてくれました。

父親の頭をなでながら、

「父ちゃん、悪いことしてへんか!?」

と冗談まじりに尋ねたら、

「してません！　校長先生、もういい加減、言わんといて。わしほんとに真面目に生きてるから！」

と、真っ赤な顔して、破顔一笑。

その隣で息子は、私の顔をまっすぐ見つめて、「大丈夫、大丈夫」って頷いていました。


お父さんは何度もやり直しをして、変わったんですね。

大人だって、可能性は無限大。

人はいくらでも変われる生き物なんです。

このお父さんがそのことを、教えてくれました。

お父さんの悪口は言わないで

大空小学校は、子どもが自由になんでも言える場所でした。だから、子どもたちも家のことをたくさん、教員たちに話してくれました。

「お父さん、お母さん、いつもケンカしてる。いつ別れるかわからへんわ」

「毎日ケンカしてるから、俺、黙ってる。家ではなんもしゃべれん。こんなんなら、別れたほうがいいかもしれない。でも、パパかママかどちらかについて行くなんて、究極の選択やろ？　そんなん、できんな」

なんて、軽い感じで話す子もいました。

夫婦を何年もやっていたら、ぶつかることもすれ違いも、あるでしょう。腹が立ってケンカをしてもいいけれど、弱者（子ども）を守る視点を、忘れてはいけませんよね。言ってはいけないことがあります。

言ってはいけないこととは、何か？

その場にいる一人ひとりが、想像しないといけません。それぞれに違うと思いますが、少なくとも、大人への信頼をなくすようなことは言ってはいけないと思います。子どもに「こんな親で不幸だ」「大人になんてなりたくない」なんて思わせてはいけないですから。

一人で三人の子どもを育てることになったお母さんがいました。お父さんは子どもたちの面倒をよくみるとてもいい人でした。読みたい本も買い与え、よく遊び、子どもたちはお父さんのことが大好きでした。

でも、好きな女性ができて、そのお父さんはある日、家を出て行ってしまったのです。

他に好きな人ができるのは、人間の感情としてありえます。人間の感情ですから、仕方がないですね。理由はいろいろあるでしょうけれど、今どき離婚なんて、珍しくはないでしょう。

とはいえ、実際に別れるのは、大変です。一人で三人の子育てをすることになったこのお母さんもそうでした。

でも、このお母さんが偉かったのは、出て行った父親の悪口を、子どもの前でいっさい言わなかったことです。

「あなたたちのお父さんは、とても大切な人だよ」と、言い続けたのですね。

腹の奥底では、ぶちまけたいこともたくさんあったでしょうが、それを子どもの前では封印しました。子どもたちの健やかな成長を考えたとき、思い出の中であっても大好きな父親が生き続けることを、何より最優先させたのです。

母親も人間です。苦しむし、悩むし、傷つきます。

でも、たとえ本心ではなくても、嘘であっても、

「あなたたちのお父さんは、とても大切な人」

と言ったお母さんは、偉かったと思うのです。

スーツケースは捨てて、風呂敷を広げましょう

今、全国には二九万九〇四八人の「不登校」の小中学生がいます（※5）。約三〇万人。東京都豊島区や、福岡県久留米市の人口とほぼ同じです。これだけの数の子どもたちに、学校とのミスマッチが起きているのですね。

当然、子どもの向こう側には、ご家族がいます。お父さん、お母さんがいます。中には自主的にホームスクーリングをしたり、何か目的があって学校以外の場所で過ごすお子さんもいるはずですが、「不登校」の子どもたちの多くは学校に居場所が見出せないケースです。

「自分」が、たくさん集まって、「みんな」になります。

その「自分」は、一人ひとり、全員違います。

学校は、一人として同じじゃない何十人、何百人という子どもたちを大きく包み込む場所なのですね。本来なら、子どもたちを残らず抱きかかえなくちゃいけない学校が機能不全を起こしているんです。

「二九万九〇四八人」という数字は、チカチカ点滅しながら、緊急事態のアラートを発しているように私には感じられます。


機能不全の原因は、「窮屈さ」だと思うのです。

全員違う「自分」を持った子どもたちを、一人残らず抱きかかえるには、深さも広さも十分でないといけません。

今の学校も、そして、家庭も、旅行用のスーツケースみたいな感じになってはいないでしょうか。

見た目は格好よくて、小さな間仕切りやらポケットやら収納やらもあちこちについていて、頑丈で壊れにくい丈夫な素材でできている、あのガラガラ引きずるタイプの旅行用スーツケースです。

一見便利そうだけれど、間仕切りやポケットに入りきらないものは、あきらめないといけませんよね。


子どもが安心して過ごせる居場所がないということは、子どもが本来安心して過ごせるはずの居場所——学校、家庭など——が、窮屈なスーツケースみたいになっているからです。

「二九万九〇四八人」は、スーツケースに入りきらなかった〝主体的に自分を持っている子どもたち〟です。

そういう子を、このまま置き去りにしてしまっていいわけがありません。

では、その「窮屈さ」の原因は何か？

それは、「こうあるべき」とか「普通はこうだよね」とか「みんなが同じようにこうしなくちゃいけない」とか、どこの誰が決めたかわからない〝当たり前〟なのだと思います。

その当たり前ができない子は、苦しいですね。当然、学校にも、家庭にも、居場所がなくなってしまう。

子どもを育てるお母さんには、私は「風呂敷」みたいになってほしいと思うのです。風呂敷はパッと広げるだけで、どんな荷物もひょいひょいっとひとまとめにくくれます。ちょっと古臭いかもしれませんけれどね。でもね、風呂敷はやわらかになんでも包み込んでくれます。すばらしい応用力のある小物だと思うのです。

子どもと過ごすときは、心の中で、風呂敷をふわーっと広げる様子をイメージしてみてください。子どもたちは大きな風呂敷の上で、遊んだり勉強したり、きょうだいゲンカしたりします。窮屈そうになったらまたどんどん広げていけばいいんです。

世の中に〝普通〟や〝当たり前〟の押しつけが蔓延している限り、子どもの居場所はどんどん狭められていくでしょう。

でも、たとえ世間がどうであれ、せめてお母さんだけは、大きくて広い風呂敷を子どものために用意してあげてほしいと思うのです。

たった一つだけのお約束

娘二人を育てている間、「これだけは……」と、モットーとしていたことなんて、さしてありませんでした。

強いて言えば、

「自分がされていやなことは、人に言わない、しない」

これくらいでしょうか。

この約束を守れなかったときは「お母さんのお部屋においで」が合言葉でした。

これは娘だけでなく、夫も同様でした。

Ⅳ 見守る

わがままなのは、母親のほう……かもしれない

「せっかく用意した夕ごはんの味噌汁をひとめ見て、『うぇー、なんでこんなん入ってんの？　大根いやだー。しいたけ嫌いー』と子どもたちが渋い顔。その瞬間、『そんなこと言うなら、食べなくていい！』と、ブチ切れてしまいました」

保育園児と小学校低学年の娘二人のお母さんが、溜め息混じりに話してくれたことです。

このお母さんがブチ切れてしまう気持ち、よくわかりますよ。

一日の仕事を終えて、子どもたちを迎えに行き、買い物も済ませ、休む間もなく夕ごはんの準備にとりかかり、食卓を整えて、ようやく「いただきます」。その途端、子どもたちからせっかく準備したごはんにケチをつけられたら、そりゃあ、堪忍袋の緒も切れるでしょう。

頭ではわかっていますよね。嫌いな食べ物を無理強いできないことも、そして、好き嫌いは仕方がないということも。

このお母さんの気持ちを代弁するとね、たぶんこういうことなんです。

「仕事が忙しい。そして、こんなに忙しいのに手を抜かず子どものために夕食をこしらえている。栄養バランスも少しは考えて野菜だって入れている。なのに、なんで子どもたちは文句ばっかり、わがままばっかり……」

ここでちょっと冷静に考えてみましょう。

子どもの「うぇー、なんでこんなん入ってんの？　大根いやだー」は、わがままじゃないです。「嫌いなものを嫌い」って言ってるだけ。その子の素直な言葉なんです。

こういう発言を「わがまま」と言ったら、辞書の「わがまま」の定義のほうを変えなくちゃいけなくなります。「こんなん食べられるわけないじゃん、ハンバーガー買ってきてよ」みたいなことを言うのが、本当のわがままですよ。

逆に想像してみてください。

子どもたちが出されたものを、嫌いなものが入っているのになんにも文句を言わず、「作ってくれてありがとう」って殊勝な顔をして食べていたら、どうでしょう？

その姿見て、お母さん、本当に嬉しい？

ブチ切れてしまったお母さんは、どこかでそういうことを子どもたちに期待しているんですね。「自分はこんなにがんばっているんだから、認めてよ」と。「こんなに忙しいのに、これだけのごはんを用意しているんだから」と。

子どもはそんな親の気持ちなんてお構いなしに、あれこれ言うわけです。だからお母さんは腹が立つ。

でもね、親に気を遣わないで、「大根、いやだー」って言いたい放題言ってくれる子どもたちは、ありがたい存在ですよ。のびやかで、いいじゃないですか！我慢しないで、家で好き放題自分を出してくれていると思えばいいんです。「この子たちは母親の私に対して、自分の言葉で自分の思っていることを伝えてくれている」「この子、気を遣わずに、安心してこの家にいるんだなぁ」と。

そんなことに幸せを感じられる母親になりましょう。

そこに気づけたら「よっしゃっ！」って、心の中で小さくガッツポーズですよ！

「忙しくて疲れている母親にもうちょっと気を遣って『おいしい』のひとことでも言えばいいのに」なんて思うほうが、わがままなんじゃない？

「大根、いやだー」

「こんな味噌汁いやー」

って今度言われたら、

「残念でした！　今日はハズレ。明日の夕ごはんはアタリだといいね」

って、しれっと返せばいいですよ。

そうしたら、むちゃくちゃ楽しい夕ごはんになりませんか？

暴れる場所があって、よかった

前項で「子どもが家で好き放題、言いたいことを言ってくれるのはありがたいこと」だというお話をしました。それと真逆の話ですが、こんな親子がいました。

天真爛漫なとても元気のいい男の子でした。運動も得意で「マラソン大会で一位になった」と、周囲にも朗らかに話すような子です。

ところが、お父さんが突然リストラに遭い、職を失います。そこから、家族の暮らしが一変しました。

専業主婦だったお母さんもパートを掛け持ちして働くようになりました。

しばらくして、この子が授業中に暴れ出すようになったんです。授業が始まると一五分もしないうちにわーっと暴れ出して、廊下に駆け出したりするようになりました。

家が大変な状況であることは、校長の私もわかっていました。

そこである日、お母さんを学校に呼んで、息子さんの様子を見てもらうことにしたんです。

「お母さん、忙しいところ悪いけれど、学校に来られる日ありますか？　子どもには内緒で来てくれますか？」と。そして、廊下で「わーっ」と暴れている子どもの様子を本人には気づかれないように、離れた場所からそっと見てもらったんです。

お母さんはその姿にびっくりして、言葉を失ってしまいました。そして、涙をぽろぽろ流しながら「先生、すみません。あんなに暴れて……申し訳ありません」と。

私はすかさずこう尋ねました。

「そんなこと言わせるために、お母さんを呼んだんじゃないんですよ。あのね、息子さんは家では暴れていますか?」

今まではあれこれわがままを言うこともあったそうですが、家が大変になってから、そういうことがいっさいなくなったとのことでした。家の事情がよくわかっているお兄ちゃんだったこともあり、弟の面倒もよくみてくれて、「暴れることなんてまったくない」「本当にいい子にしているんです」と。

そして、お母さんは絞り出すように、ぽつりぽつりと言いました。

「きっと、すごく家では我慢しているんですね。その分、学校でこうして暴れているんですね」

私は頷いてから、お母さんに言いました。

「暴れる場所があって、よかった。息子さんの姿、お母さんは知っておいて。家では決して『学校で暴れるな』なんて、言わないでね。でも代わりに、『最近、大丈夫? あんまりしゃべってないけど、お母さんそばにいるからね』と、あの子が安心する言葉、かけてあげて」と。

学校で暴れて、自分を出すことができているのですから、これはありがたいことでもあるんです。

その後、暴れるこの子は困っている子だと周りの子どもたちが気づいていくにつれ、暴れる行動はなくなりました。「俺、我慢を覚えたで」と言い残して卒業し、「中学では、笑顔で我慢してるよ」と友だちが語っていました。

この子は自分で、ハードルを乗り越えられたのですね。

ほめればいいってもんじゃない

「子どもはほめて育てなさい」

よく言われることです。

でも、私にこんな告白をしてくれた教え子がいました。その子はこう言ったんですね。

「先生、私ほめられても嬉しくないよ。だってさ、ほめられたら、次も同じようにほめてもらわないと……と思ったら、なんだか不安になるんだよ」

教えてくれたこの子に、「ありがとう」と言いました。
何かいいことをしたら大人は子どもをほめる。そしてほめられた子どもは喜んで、また成長する。こんなふうに思い込んでいた自分がいたのですが、この子がその大人の思い込みに異議を唱えてくれた。そして気づかせてくれた。やはり、子どものことは、子どもに教えてもらわないとわからないことだらけです。

その子はこう続けました。
「本当にほめてほしいときに、ほめてほしいんだよ」と。

ほめるには、その子をよく見ていないとできません。
どんなチャレンジをして、どれだけ努力をしているか。
昨日できなかったけど今日できたことは、何があるか。
見ていなければ、違いがわからないですね。そう考えると、ほめるって実は、タイミングがすごく難しいのだと思います。

子どもが「できた！」「やれた！」と達成感を感じたときに、見ている大人が「すごいね」「やったね」とすかさず言えるかどうか。

ここぞ！というときに、子どもをほめる。

そのためにも、ほめ言葉を連発しない親のほうが、いいのかもしれません。むしろ、ここぞ！というときにこそ子どもをほめるのなら、中途半端なほめ言葉は、出せなくなるでしょう。

子どもをほめるための言葉やフレーズなどが、体《てい》よくまとめられた本やネット記事も巷にあふれていますが、そういうものを見る必要なんてないと思うのです。

それ以前に大事なことがありますね。

そう、子どもの小さな成長、変化などを見逃さないこと。気づくことです。

この子が「ほめられると不安になる」と言ってくれたおかげで、もう一つ大切なことにも気づけました。

ほめられることは、他者からの評価です。ずっとほめられて育ってきた子は、常にほめられていないと不安を感じるようになるのですね。人の評価を気にするようにもなります。

それが本当に、子どもの成長になるでしょうか？

他者や大人の評価で「幸せ」や「満足度」が決まるわけではありません。幸せや満足度は、自分にしかわからないもの。周囲の人が与えてくれるものではないのですから。

お母さん、ほめなくてもいいから、子どもをよく見ていてあげて。

そのほうが子どもは、嬉しいはずですよ。

頼りにならない人は、放っておきましょう

子どもの数だけお母さんがいるとしたら、当たり前ですが、同じ数だけお父さんがいますよね。だから、お母さんがとても困り感を抱えているとしたら、本当はそばにいるお父さんに弱音を吐けたら、いいはずです。

でも、それができないことも、多いのですね。

「うちのだんななんか、何ゆうても、話聞いてくれへんし、あんなんいてもいなくても一緒！」

と息巻いているお母さんには、

「いてもいなくても一緒なら、もう、ほっときや！　なんの役にも立たんのなら、

ほっときや！」

って、私は言っていましたね。

父親の話が出たついでに話すと、大空小学校には、「この学校なら、子どもが通えるかもしれない」と一縷《いちる》の望みを持って、全国から転校してくる親子がたくさんいました。みんな、住む街も仕事も変えて、大きなリスクを背負っていました。そういうご家庭のほとんどは、お母さんが一人で子育てをしていました。転校という選択肢を選び、実行する過程で、父親と別れているケースがほとんどだったのです。

「だんなが守ってくれないなら、だんなの分まで私が子どもを守ったらなあかん」

どのお母さんも、強い覚悟の方々ばかりでした。苦しんで、悩み抜いていましたが、潔かったです。

でもね、そんなお母さんに私は言いました。

「自分ががんばることが目的にならないようにして、お母さん。目的は、子どもが幸せになることでしょ？　がんばっている自分は、そのための手段やんか」

と。

そして、

「子どもが何を思っているか、想像力を働かせてな。わかったつもりにならないでな」

とも、言いました。

「私ががんばらなくちゃ」と、何重にも鎧《よろい》をまとって、自分を奮い立たせている母親のことを、子どもはよくわかっています。

いろんな理由で学校に行けなかったり周りに合わせられないために、両親が悩んで、たくさんケンカして別れることになり、お母さんと一緒に引っ越すことになった……そんな事情をよくわかっており、「すべては自分のせいだ」と感じています。

子どもにとって、お母さんの「父親の分までこの子を守ります」という言葉は、ときにものすごいプレッシャーになります。

子どもは、お母さんの私物ではありません

お母さんたちの「私が、（この子のために）がんばらねば」という言葉には、子どもを自分の持ち物のように思っている節が、感じられるような気がします。

そう思うのも自然なことではありますね。自分のお腹の中で育てて、命懸けで出産しているのですから。だからこそ、大事にしなければと思う。

でも、その思いが強ければ強いほど、子どもとの対等な関係を築きにくくなります。「私の言う通りに、ついてきなさい」とリードすることが当たり前になってしまいます。

自分の子どもでも、自分とは違う人格を持った、別の命を持った、一人の人間

です。お互いに尊重できなかったら、対等な関係や対話は成立しません。

じゃあ、尊重するってどういうことか、考えてみましょうか？

お母さんのお腹から産まれたのは事実ですが、子どもはお母さんの分身ではないですね。子どもには子どもの考えがあり、夢があり、お母さんとは別の世界を生きています。そりゃあ、親の思い通りになんてならないです。そういう「違いを知る」っていうのが、尊重するってことの第一歩だと思うのです。


子どもが思い通りにならないときに、責任を感じたり、苛立ったりすることもあるでしょう。そんなときは、まだ見ぬ大人になった子どもの姿を頭のどこかでイメージしてみてはどうですか？　将来、子どもが生きづらさを感じたりしていないか。そうならないために今どんなかかわり方を子どもにしなければいけないのか。親はそこに想像力を働かせてみてはどうでしょうか？

今の自分のかかわり方が、十年後、二十年後、三十年後、親がいなくなったときのこの子にとって、はたしていいのか、どうなのか？　そういう視点で、今の子育てを考えると、ちょっと違う世界が見えてくるでしょう？

「レールを敷くのは、親の仕事じゃありません」（四六ページ）で触れましたが、たとえば、子どものことを考えて、「将来のために、今、勉強しなさい」って、親は言うでしょう。たいてい親自身も、そう言われて育ってきたはずです。

「将来のために……」という言葉は、あながち間違ってはいません。とはいえ、今の子どもが大人になったときの社会のことは、親にとっても未知の世界。ぜんぜん知らない未来のことなのに、親は「今、勉強しなかったら、あとで困るよ」なんて言っている。


ここで親が言っている「勉強」って、なんなのでしょう？　おそらくは、テストでいい点数を取ること、偏差値を上げていい学校に入ることなどを視野に入れた「勉強」のことでしょう。

子ども時代は、子どもがものすごい発育を遂げる時代です。いろんな経験をして、柔軟な発想力、感受性を豊かにする時代です。学業は大事ですが、人より少しでも抜きん出ることに血道《ちみち》を上げるような勉強ばかりで終わってしまっていいのかどうか、疑問も残ります。子ども時代をそんなふうに過ごしたら、大人になってから、何か落とし物をしたことに、気づくのではないかと。

そして、お母さんにも気づいてほしいのです。「子どもが何か、落とし物をしてはいないか。もしかしたら、一つどころじゃなくて、たーくさん、落とし物しているんじゃないか」と。

親や先生に言われた通りに勉強して、「本当に、幸せになれるの？」って問い返す子どもは、めったにいません。でも、「本当に、幸せになれるの？」「言われた通りにしてれば、それでいいの？」って問い返せる子こそ、私は高い価値を持っていると思います。

どの学校にも、正解なんてない

人は一人ひとり、みんな違います。みんな違う考えを持っています。そういう違う人たちの集まりの中で、どう折り合いをつけるか、コミュニケーションを取っていくか。その力が、社会で生きていく力です。社会で生きていく力に、正解も不正解もありません。

でも、小学校に行き始めると、いろんな場面で、先生に「○」「×」をつけられるようになる。先生は生徒にとって、力を持った存在です。学年が上がるごとに、「○」「×」の考え方が染みついていきます。

本当に子どもが育っている場（学級）というのは、いつもわちゃわちゃしています。賑やかです。みんなが同じように椅子に座って、背筋を伸ばして、手を挙げて、黒板の前にいる先生に「はい！」と手を挙げる……これって、本来の子どもの姿じゃないでしょう？

こんな教室で、社会で通用する力がつくでしょうか？

社会を作っているのはどんな人たちなのか、想像してみましょう。

健康な人もいる。病気の人もいる。「障害」のある人もいる。貧困の人もいる。外国出身の人もいる。持っている能力も違うし、見た目も中身も違う人の集まりが、社会です。

学校で学んだあとは、いつか、こんないろんな人たちが暮らす社会に出ていきます。

教室は、私たちが暮らす社会の、小さな小さな縮図です。

教室の中には、一人ひとりみんな違った子がいます。

椅子に座り続けられない子。椅子に座って話が聞ける子。宿題する子もいればしない子もいる。勉強が好きな子もいれば、ぜんぜん好きじゃない子もいる。いっぱいしゃべる子も、ぜんぜんしゃべれない子もいる。すぐに友だちとケンカする子もいれば、すぐに泣く子もいる。

いろんな子どもがいます。

だから、学べるんです。

〝いろんな子がいて当たり前〟の中での学びがなかったら、どうして、いろんな人がたくさん集まる社会を作れる大人になっていけるでしょうか？

二〇二〇年に学習指導要領が変わりましたが、学校の現場はさほど変わっていないのではないでしょうか。保護者から文句を言われないようにと、子どもたちをまるでいい商品のようにきれいに並べているような、そんな印象を受けるときもあります。

〝違い〟がいっぱいの教室は、〝でこぼこ〟しているものです。「多様性を大事に」とか「みんな違っていて当たり前」とは言うものの、一人でも椅子に座っていられない子や授業中に歩き回る子、落ち着きのない子がいると、「クラスがまとまってない」「学級崩壊を起こしているんじゃないか」と指摘する保護者は少なくないです。それに配慮して、学校側もどの子も同じように静かに座らせようとします。

こんな教室で学んでいて、違いを認め合える大人に成長できますか？　共生社会の一員になれるでしょうか？

「私立のほうがいろんな子どもたちに合わせて手厚く面倒を見てくれるから安心」と、そんな理由で中学受験をさせるご家庭も少なくないと聞きます。

公立は文科省の指導要領をベースにしていますから、どこの学校でも同じような学びが成立します。一方私立は、独自のビジョン（目標）を打ち出してそのビジョンに向かって学びを進めます。

でも、公立と私立の違いなんて、一概に比較できないと私は思います。なぜなら、公立であれ私立であれ、どんな人と学ぶか、教室にどんな子（仲間）がいるか、要は〝人〟でしょう？　たとえば、進学率を競っている学校は、すべての目的が「進学率」になります。それは公立も私立も同じこと。どちらのほうがより安心かなんて、簡単には言えません。

もし、今私が受験を控えた子どもの親だったとして、どんな学校だったら子どもを通わせたくなるかと考えたら、

「正解なんてない。だから、正解のない問いを、問い続けています」

こういう言葉をオープンにしている学校なら、信頼できると思います。

公立であれ私立であれ、「この学校に任せてたら、うちの子は将来自律した大

人になれる、安心」なんてことは、今の時代ありえないでしょう。

学校が「正解」を持っていると信じたり、その「正解」をお母さんが探して、子どもを一生懸命敷いたレールに乗せて進んでいく……そんな時代はもう、とっくに終わっています。

だから、学校に一喜一憂するのもやめましょう。

学校に依存するのではなく、お母さん自身が自分の考えを持ちましょう。

自分の考えを持てば、どんどん学校との距離が空いていきます。

学校から自由になる子育ても、悪くないと思いますよ。縛りが一つ減るだけで、お母さんはもっと自由になれるでしょう。深く息が吸えるようになったら、生きやすくなるのではないでしょうか。

パートナーに腹が立ったら、見ない・聞かない・しゃべらない

離婚もしていなくて、共働きでもあるのに、子育てのほぼすべてを一人でこなしているお母さん、たくさんいます。世間ではよく「ワンオペ育児」なんて言いますね。

「自分も仕事していて忙しいのに……」と、キリキリ、イライラした気持ちが抑えきれないこともたくさんあるでしょう。一人で子育てしているような気分になったら、辛くて悲しくもなります。

いろんなお父さん（パートナー）がいるでしょうし、家庭環境もさまざまでしょうから、一概に「こうすれば一件落着」みたいなことは言えません。

本当なら、子育て中の親が仲良しなのが理想ですが、うまくいかないこともあるでしょう。

お母さんがどんなにがんばったところで、お父さん（パートナー）はなかなか変えられるものではありません。

そんなときは、その〝イライラの原因である人〟を視野から意図的に外しましょう。残念な人の行動に自分の大切な感情や時間を持っていかれないようにしてください。

そして、子どもと存分に楽しいことをして、そちらに全意識を集中させて、笑ってください。

自分の気分を害する存在は、徹底的に「見ない・聞かない・しゃべらない」を決め込むんです。慣れるまでちょっと大変かもしれませんが、一に訓練、二に訓練。

悩んでいるお母さんには、いつもこんなふうにアドバイスをしていました。

イライラの原因である人（父親）のほうと話す機会があったときは、必ずこう伝えていました。

「子育てにかかわらない分、妻を何倍も大切にしろよ」ってね。

きょうだいゲンカは麗《うるわ》しきことです

子どもが親の前でケンカしなくなったときこそ、親はとっても不安にならないといけないんじゃないでしょうか？
親の前でケンカができてたら、「あんたら、いいきょうだいやな」って、反対にひとこと言ってあげたらいいんですよ。

なぜだと思いますか？

私の知り合いに、五歳と九歳の女の子のお母さんがいました。

「そっちの卵焼きのほうが大きい！」

「私の鉛筆削りを勝手に使ってた！」

と、どうでもいいようなこと（……としか親には思えない）がきっかけで、言葉の応酬が始まり、収拾がつかなくなるのだとか。

二人で同時に
「おねえちゃんが……！」

「……お母さん、聞いてよ！」

と激しく要求してくるものの、同時に二人の話は聞けず、ヘトヘトになるのだとお母さんはこぼします。

そのうち、姉のほうからは「お母さんは、妹に甘い！　手ぬるい！」と言われ、矛先がお母さんのほうへ……。妹のほうは「おねえちゃんの、バカ！　わーん」と泣き出す始末。

「たいてい夕方頃の時間帯は、こんな感じになります。二人に同時に要求されると、体がいくつあっても足りなくて……滅入ってしまうんです」と。

そんなお母さんに私は言いました。

「きょうだいがケンカを始めるのは、とても麗しいことやねんで」って。

言われた母は、「へ？」って、ぽかんと口を開けました。

母がきょうだいゲンカの仲裁に入るのは、「もうやめて、勘弁して」って思っているからです。

姉妹はそれを見抜いていて、自分のほうをもっと見てほしくて、お母さんにより大きな球を投げてくるんです。「姉のほうと妹のほう、どっちの球のほうが強い？」みたいな感じでね。仲裁に入ろうとするお母さんを味方につけたいと思うから、より自分が有利であることをアピールしようとしているんです。

でも、ちょっと視点をずらしてみると、きょうだいが対等な関係で「わーっ」と言い合っているのって、とても麗しいことなんですよ。

わーわーやり合えるのは、姉妹がお母さんの前でとっても安心しているからです。なんでも言える相手だと思っているから、安心して大さわぎしているんです。

大人の自分に置き換えて考えてみてください。「この人、なんだか気を遣うな」「この人に本音言ったら、なんだか自分はやばいことになるかもしれない」なんて感じる相手に、好き勝手なこと言えないでしょう?

きょうだいゲンカが勃発したら、お母さんは一線引いといたらいいですよ。ちょっと離れたところでニコニコ笑いながら、一人でゆっくりごはん食べてればいいんです。

本当に収拾がつかなくなったり、姉妹がどうしても折り合いつけられずに平行線をたどっていたら、こう提案してみたらどうでしょう？
「どうしたら納得できるか。一〇〇個くらいあるうちの〝ナンバー1〟の答えを、紙に書いてみて」と。

そうしたら、二人とも、それぞれ一個だけ自分の要求が出せます。書き出すという行為につながるだけでも少しだけ冷静になれるし、書いているうちに腹が立っていたことも、飛んでってしまいますよ。

そして、妹が書き出したものを見て、「なるほど、これはどうしたらできると思う？」と、母と姉が対話する。姉が書いたものを見ながら、同じように、母と妹が対話する。

こうすれば、二人の願いを叶えるために、お母さんが双方と対話して、つなげることができます。

一つの願いを書き出すのに、それぞれに頭を使うだろうから、子どもも自分で答えを導き出そうとするきっかけにもなるでしょう。こんな解決方法も、ありだと思いますよ。

きょうだいゲンカは麗しきこと。親は基本的に仲裁しなくてよし。

親の前でケンカをしなくなったときこそ、

「大丈夫かな？」

「何か困っていることでもあるのかな？」

と、親は不安になりましょう。

KUMA

トラウマに引きずられすぎないために

子育てをして初めて、「私、まるで自分の母親みたいなことしてる」と気づくこともあります。

こんなときはたいてい「いやだ」「最悪」とショックに思うことが多いものです。実母との関係を思い出してうんざりしたり、親から受けた言葉のトラウマが蘇る人もいます。

そういう気持ちがモヤモヤと湧いてきたら、「本当はこうしてほしかった」ということを思い出して、行動を変えてみてはどうでしょうか。

そうこうしているうちに、私自身も、実母の想いがわかるようになっていった経験があります。

「あのときの母親は、こんな気持ちだったのかな」と思えるようになれたら、それでいいのではないでしょうか。

おわりに

言葉のお守りがあれば、今日もまた一歩、前進できます

子どもの数だけ、お母さんがいます。

今まで、数えきれないほどのお母さんたちとの出会いがありました。このお母さんたちから、どれだけたくさんのことを教えてもらったことか。出会ったすべてのお母さんたちに、心から「ありがとう」を言いたいです。

私も、どこにでもいる普通の母親の一人でした。

もう子育てはひと段落したので、少しだけ母親業真っ盛りだった頃の

自分を振り返ることができます。

やり直したいこと。

恥ずかしいこと。

喜ぶべきこと。

心配しなくていいこと。

今になって、ようやくわかったこと、気づいたことがたくさんあります。

毎日一生懸命に働いて、子どもの一挙手一投足に泣いて、笑って、悩んで、怒って、大忙しだったあの頃の自分には、じっくり考えたり、立ち止まったりする余裕がありませんでした。

必死になって生きていたってことなのかもしれません。

令和時代のお母さんたちも、昭和時代に子育てしていた私と同じです。仕事に家事に子どものあれこれに孤軍奮闘し、家族との関係に悩み、自分の生き方を模索しています。

昔の自分を遠くからそっと励ますような気持ちで、いろんな言葉を紡ぎ出しました。

一人で抱え込んだりしないでね。

現役のお母さんたちをちょっぴり支えられたら……そんな想いからできたのがこの本です。子育てで不安になったときに、本書がお母さんのお守りみたいになればいいなと思っています。

お守りだから即効性はないかもしれませんが、少なくともこの本は、すべてのお母さんの味方であってほしいと願ってやみません。

※作品中のエピソードは著者の実際の体験に基づきますが、登場する人物のプライバシーに配慮して、一部変更をしています。

〔参照資料一覧〕

※1：「子育てに関するZ世代の意識調査」（２０２３年2月21日、ビッグローブ株式会社）
https://www.biglobe.co.jp/pressroom/info/2023/02/230221-1

※2：「令和５年７月10日児童生徒の自殺予防に係る取組について」（文部科学省）
https://www.mext.go.jp/a_menu/shotou/seitoshidou/1414737_00006.htm

※3：「令和４年就業構造基本調査　結果の要約」（総務省統計局）
https://www.stat.go.jp/data/shugyou/2022/pdf/kall.pdf

※4：「令和３年社会生活基本調査　生活時間及び生活行動に関する結果　結果の要約」（総務省統計局）
https://www.stat.go.jp/data/shakai/2021/pdf/youyakua.pdf

※5：「令和４年度　児童生徒の問題行動・不登校等生徒指導上の諸課題に関する調査結果について」（文部科学省）
https://www.mext.go.jp/content/20231004-mxt_jidou01-100002753_1.pdf

装丁・本文デザイン／原田恵都子（Harada＋Harada）
イラストレーション／本田亮
企画・編集協力／渡辺のぞみ

木村泰子（きむら やすこ）

大阪府生まれ。武庫川学院女子短期大学体育科（現・武庫川女子大学短期大学部）卒業。大阪市立大空小学校初代校長として、障害の有無にかかわらず、すべての子どもがともに学び合い育ち合う教育に力を注ぐ。その取り組みを描いたドキュメンタリー映画『みんなの学校』は大きな話題を呼び、文部科学省特別選定作品にも選ばれた。2015年に45年間の教員生活を終え、現在は講演活動で全国を飛び回っている。東京大学大学院教育学研究科附属バリアフリー教育開発研究センター協力研究員。『10年後の子どもに必要な「見えない学力」の育て方』（青春出版社）、『「みんなの学校」が教えてくれたこと』『「みんなの学校」から社会を変える』（以上、小学館）など著書多数。

お母さんを支える言葉

2024年4月17日　初版第1刷発行

著　者　木村泰子
©Yasuko Kimura 2024, Printed in Japan
発行者　松原淑子

発行所　清流出版株式会社
〒101-0051 東京都千代田区神田神保町3-7-1
電話 03-3288-5405　ホームページ https://www.seiryupub.co.jp/

編集担当／秋篠貴子

印刷・製本／シナノパブリッシングプレス

乱丁・落丁本はお取替えいたします。
ISBN978-4-86029-561-5

本書をお読みになった感想を、QRコード、URLからお送りください。
https://pro.form-mailer.jp/fms/91270fd3254235

本書のコピー、スキャン、デジタル化などの無断複製は著作権法上での例外を除き禁じられています。

本書を代行業者などの第三者に依頼してスキャンやデジタル化することは、個人や家庭内の利用であっても認められていません。